【エッセンシャル版】

イノベーションと企業家精神

INNOVATION AND ENTREPRENEURSHIP

BY PETER F. DRUCKER EDITED BY ATSUO UEDA

P.F.ドラッカー 著

上田惇生 編訳

ダイヤモンド社

INNOVATION AND ENTREPRENEURSHIP,
Abridged and Essential Edition
by
Peter F. Drucker

This edition is published by arrangement with Joan D. Winstein, Trustee,
Drucker 1996 Literary Works Trust
through Tuttle-Mori Agency, Inc., Tokyo

本書『イノベーションと企業家精神』は、一九八五年、ドラッカー七五歳のときの著作である。

イノベーションと企業家精神が誰でも学び実行することができるものであることを明らかにした世界最初の方法論である。

編訳者まえがき

ドラッカーは、ほとんど物心のついた頃から、物ごとには方法論があることを察知していた。当然、それらの方法論を探求し続けた。

少壮政治学者としての論考であり、記者および論説としての執筆だった。企業と非営利組織への経営指導であり、マネジメントの各論の体系化であり、体系としてのマネジメントの集大成だった。

したがってドラッカーが、すでにマネジメントの父としての地位を不動のものにしていた一九八〇年代の半ば、それまで得体の知れない神秘的なものとして扱われていたイノベーションと企業家精神を、誰もが使うことのできる方法論として一書にまとめつつあることを明らかにしたとき、世の期待は一気に高まった。

ドラッカーは、イノベーションと、企業家精神と、企業家戦略の成功例の一つひとつを取り上げ、成果の大きさと実現の容易さの順に並べ直した。ドラッカー、七五歳のときだった。

並べられたものは、左脳の世界のものもあれば、右脳の世界のものもあった。イノベーションと企業家精神と企業家戦略は、人が全能力を投入して取り組むべきものだった。

驚くのはそれから三〇年。イノベーションと企業家精神の全貌を体系的に論じた最初の本でありながら、急速に進行中のグローバル化、デジタル化、起業ブームを受けて、今や世の中への貢献に意欲ある人たちにとっては、もはや手放すことのできない座右の書となっていることである。
読者の各位におかれては、まさに本書の説くイノベーションと企業家精神を駆使して、世の中に貢献していっていただきたい。間違いなく、それがドラッカーの望みだったと思う。

二〇一五年一二月

上田惇生

まえがき

本書は、イノベーションと企業家精神を生み出すための原理と方法を示している。企業家の性格や心理ではなく、姿勢と行動について述べた。実例を使っているが、それは単に成功物語を紹介するためではなく、重要なポイント、基本的なルール、注意すべき点を明らかにするためである。したがって、ほかの文献とはイノベーションと企業家精神の重要性についての認識は同じであっても、目的と内容は大きく異なる。

イノベーションと企業家精神は才能やひらめきなどの神秘的なものとして議論されることが多いが、本書は、それらを体系化することができ、しかも体系化すべき課題、すなわち体系的な仕事としてとらえた。

本書は実践の書である。しかしハウツーではない。何を、いつ、いかに行うべきかを扱う。すなわち方針と意思決定、機会とリスク、組織と戦略、人の配置と報酬を扱う。

本書はイノベーションと企業家精神を、イノベーション、企業家精神、企業家戦略の三つに分けて論ずる。これらはいずれもイノベーションと企業家精神の「側面」であって「段階」ではない。

イノベーションの部では、イノベーションを目的意識に基づいて行うべき一つの体系的な仕事として提示する。また、イノベーションの機会を、どこで、いかに見出すべきかを明らかにする。その後、現実の事業として発展させていく際に行うべきことと、行ってはならないことについて述べる。

企業家精神の部では、イノベーションの担い手たる組織に焦点を合わせる。そこでは三種類の組織、すなわち既存の企業、公的機関、ベンチャー・ビジネスにおける企業家精神を扱う。これらの組織が成功するための原理と方法は何か、企業家精神を発揮するには、いかに人を組織し、配置すべきか、その場合の障害、陥穽、誤解は何か、さらには、企業家の役割とその意思決定について述べる。

企業家戦略の部では、現実の市場において、いかにイノベーションを成功させるかについて述べる。結局のところ、イノベーションが成功するかどうかは、その新奇性、科学性、知的卓越性ではなく、市場で成功するかどうかにかかっている。

本書は、イノベーションと企業家精神の全貌を体系的に論じた最初のものである。この分野における決定版ではなく最初の著作である。私は本書が嚆矢となることを望んでいる。

カリフォルニア州クレアモントにて

ピーター・F・ドラッカー

イノベーションと企業家精神【エッセンシャル版】目次

第2部 企業家精神

第3部 企業家戦略

第1部

イノベーションの方法

INNOVATION
AND
ENTREPRENEURSHIP

第1章　イノベーションと企業家精神

企業家の定義

一八〇〇年頃、フランスの経済学者J・B・セイは「企業家は、経済的な資源を生産性が低いところから高いところへ、収益が小さなところから大きなところへ移す」といった。しかしセイが「企業家（entrepreneur）」なる言葉をつくって以来、いまだに企業家と企業家精神の定義は確立していない。

企業家はリスクを冒す。だが経済活動に携わる者は誰でもリスクを冒す。なぜならば、経済活動の本質は現在の資源を将来の期待のために使うこと、すなわち不確実性とリスクにあるからである。

企業家精神とは、個人であれ組織であれ、独特の特性をもつ何かである。しかし気質とは関係ない。実際のところ、私はいろいろな気質の人たちが企業家的な挑戦を成功させるのを見てきた。

確かに、確実性を必要とする人は、企業家に向かない。だがそのような人は、政治家、軍の将校、外国航路の船長など、いろいろなものに向かない。それらのものすべてに意思決定が必要である。意思決定の本質は不確実性にある。

意思決定を行うことのできる人ならば、学ぶことによって、企業家的に行動することも企業家となることもできる。企業家精神とは気質ではなく行動である。しかもその基礎となるのは、勘ではなく、原理であり、方法である。

変化を利する者

あらゆる仕事が原理に基づいている。企業家精神もまた原理に基づく。企業家精神の原理とは、変化を当然のこと、健全なこととすることである。

企業家精神とは、すでに行っていることをより上手に行うことよりも、まったく新しいことを行うことに価値を見出すことである。これこそまさに、セイの「企業家」なる言葉の本質だった。それは権威に対する否定の宣言だった。すなわち、企業家とは、秩序を破壊し解体する者である。シュンペーターが明らかにしたように、企業家の責務は「創造的破壊」である。

企業家は変化を当然かつ健全なものとする。彼ら自身は、それらの変化を引き起こさないかもしれない。しかし、変化を探し、変化に対応し、変化を機会として利用する。これが企業家および企業家精神の定義である。

企業家精神のリスク

一般には、企業家精神には大きなリスクが伴うと信じられている。確かにコンピュータや遺伝子工学などハイテク分野のイノベーションは失敗の確率が高い。成功の確率どころか生き残りの確率さえかなり小さい。しかし、企業家精神には大きなリスクが伴わなければならないなどと、どうしていえようか。

企業家は資源を、生産性が低く成果の乏しい分野から、生産性が高く成果の大きい分野に動かす。そこには、成功しないかもしれないというリスクはある。しかし多少なりとも成功すれば、その成功はいかなるリスクをも相殺して余りあるほど大きい。したがって企業家精神は、単なる最適化よりもはるかにリスクが小さいというべきである。

イノベーションが必然であって、大きな利益が必然である分野、すなわち、イノベーションの機会がすでに存在する分野において、資源の最適化にとどまることほどリスクの大きなことはない。論理的にいって、企業家精神こそ最もリスクが小さい。企業家精神のリスクについての通念が間違いであることを教えてくれる企業家的な組織は、われわれの身近にいくらでもある。

例えば、ＡＴ＆Ｔ（アメリカ電話電信会社）のイノベーションの担い手たるベル研究所がある。この研究所は、一九一一年頃の自動交換機から一九八〇年の光ファイバーの開発にいたるまで七〇年以上にわたって、トランジスタや半導体、コンピュータに関わる理論やエンジニアリングなど、次々にイノベーションを成功させてきた。ベル研究所の記録は、ハイテク分野でさえイノベーションと企業家精神のリスクを小さくすることができることを示している。

ＩＢＭもまた、コンピュータという進歩の速いハイテク分野において、しかも電気や電子の専門企業と競争しながら、今日のところ大きな失敗を犯していない。同様に、最も平凡な在来型産業である小売業において、世界で最も企業家的なイギリスのマークス＆スペンサーも大きな失敗をしていない。

消費財の最大手メーカーであるP&G（プロクター&ギャンブル）も、同じように完璧に近いイノベーションの成功の歴史を誇っている。ミネソタ州セントポールのミドルテク企業である3M（スリーエム）も、過去六〇年間にわたって一〇〇種類以上にのぼる新事業や新製品を手がけ、その八割を成功させている。

これらは低いリスクのもとにイノベーションを成功させてきた、企業家的な企業のごく一部にすぎない。神の助け、まぐれ当たり、偶然とするには、あまりに多くの企業がイノベーションを成功させている。

第2章　イノベーションのための七つの機会

イノベーションとは何か

企業家はイノベーションを行う。イノベーションは企業家に特有の道具である。イノベーションは富を創造する能力を資源に与える。それどころか、イノベーションが資源を創造する。

人が利用の方法を見つけ経済的な価値を与えない限り、何ものも資源とはなりえない。植物は雑草にすぎず、鉱物は岩にすぎない。地表にしみ出る原油やアルミの原料であるボーキサイトが資源となったのは一世紀少々前のことである。それまでは単に地力を損なう厄介物にすぎなかった。

ペニシリウムなるカビも単なる厄介物であり、資源ではなかった。細菌学者たちは、ペニシリウムから細菌の培養基を守ることに苦労していた。一九二〇年代にいたり、ロンドンの医師アレキサンダー・フレミングが、この厄介物こそ細菌学者が求めているものであることに気づいた。そのとき初めて、ペニシリウムはペニシリンをもたらす価値ある資源となった。

社会や経済の領域でも同じことが起こる。経済においては購買力にまさる資源はない。購買力もまた企業家のイノベーションによって創造される。

一九世紀の初め、アメリカの農民には事実上購買力がなかった。そのため収穫機を買えなかった。数十種類もの収穫機が出ていたが買えなかった。そのとき収穫機の発明者の一人、サイラス・マコーミックが割賦販売を考えついた。これによって農民は、過去の蓄えからではなく未来の稼ぎから収穫機を購入できるようになった。突然、農機具購入のための購買力という資源が生まれた。

既存の資源から得られる富の創出能力を増大させるのも、すべてイノベーションである。

トラックの荷台を荷物ごと切り離して貨物船に載せるというアイデアは、新技術とは関わりがなかった。コンテナー船というイノベーションは、貨物船を船としてではなく運搬具として見ることから生まれた。重要なことは、港での貨物の滞留時間を短くすることだった。コンテナー船という平凡なイノベーションが貨物船の生産性を四倍に増やし、海運業の危機を救った。そして経済史上最高の成長ともいうべき、この四〇年間における世界貿易の伸びをもたらした。

初等教育の普及をもたらしたのも、教育に対する理解、教師の育成、教育学の進歩ではなく、最もイノベーションらしからぬイノベーション、一七世紀半ばのチェコの偉大な教育改革者ヨハン・アモス・コメニウスによる教科書の発明だった。教科書がなければ、いかに優れた教師であっても一度に一人か二人の生徒しか教えられない。教科書があれば、平凡な教師でも一度に三〇人から三五人の生徒を教えることができる。

イノベーションは技術に限らない。モノである必要さえない。それどころか社会に与える影響力において、新聞や保険をはじめとする社会的イノベーションに匹敵するものはない。割賦販売は、まさに経済そのものを供給主導型から需要主導型へと変質させた。

社会的イノベーションとその重要性について最も興味ある例は、近代日本である。開国以来、日本は、一八九四年の日清戦争、一九〇四年の日露戦争、あるいは真珠湾の勝利、さらには一九七〇年代と八〇年代における経済大国化、世界市場における最強の輸出者としての台頭にもかかわらず、欧米の評価は常に低かった。

その主たる理由、おそらく唯一の理由は、イノベーションとはモノに関するものであり、科学や技術に関するものであるという一般の通念にあった。実際、日本は、（欧米だけでなく日本においても）イノベーションを行う国ではなく模倣する国と見られてきた。これは、科学や技術の分野で日本が際立ったイノベーションを行っていないためだった。しかし、日本の成功は社会的イノベーションによるものだった。

日本が開国に踏み切ったのは、征服され、植民地化され、西洋化されたインドや中国の二の舞になりたくなかったからである。日本は、柔道の精神により、欧米の道具を使って欧米の侵略を食い止め、日本でありつづけることを目指した。

日本にとっては、社会的イノベーションのほうが蒸気機関車や電報よりもはるかに重要だった。しかも、学校、大学、行政、銀行、労組のような公的機関の発展、すなわち社会的イノベーションのほうが、蒸気機関車や電報の発明よりもはるかに難しかった。ロンドンからリバプールまで列車を引く蒸気機関車は、いかなる応用も修正もなしにそのまま東京から大阪まで列車を引くことができる。だが公的機関は、日本的であると同時に近代的でなければならなかった。日本人が動かすものでありながら、同時に西洋的かつ技術的な経済に適合するものでなければならなかった。

技術は、安いコストでしかも文化的なリスクを冒すことなく導入できる。しかし公的機関が発展していくためには、文化的な根をもたなければならない。日本はおよそ一〇〇年前、その資源を社会的イノベーションに集中することとし、技術的イノベーションは模倣し、輸入し、応用するという決断を下した。そして見事に成功した。

この日本の方針は今日でも正しい。なぜならば、時に冷やかしの種とされている創造的模倣なるものこそ、きわめて成功の確率の高い立派な企業家戦略だからである。

しかも今日、仮に日本がほかの国の技術を模倣し、輸入し、応用する以上のことを行うべく、自ら純粋に技術的イノベーションを行わなければならなくなっているとしても、日本を過小評価してはならない。そもそも開発研究そのものがごく最近の社会的イノベーションである。日本はこれまで行ってきたように、そのようなイノベーションに長けている。しかも日本は企業家戦略にも長けている。

まさにイノベーションとは、技術というよりも経済や社会に関わる用語である。

イノベーションの体系

われわれはまだイノベーションの理論を構築していない。しかし、イノベーションの機会をいつ、どこで、いかに体系的に探すべきか、さらには成功の確率と失敗のリスクをいかに判断すべきかについては十分知っている。まだ輪郭だけではあるが、イノベーションの方法を発展させるうえで必要な知識も十分に得ている。

一九世紀における技術史上の最大の偉業は、発明の発明であるとされている。一八八〇年以前には発明は神秘的なものだった。一九世紀の文献は天才のひらめきという言葉を繰り返している。発明家なる者は屋根裏で何かを作っている夢見る変人だった。しかし、第一次世界大戦が勃発した一九一四年頃には、すでに発明は、開発研究すなわち目的とする成果と実現可能な成果について計画を立てる体系的な活動になっていた。

イノベーションについても、これと同じ発展が必要である。いまや企業家は体系的にイノベーションを行わなければならない。

企業家として成功する者は、その目的が金であれ、力であれ、あるいは好奇心であれ、名声であれ、価値を創造し社会に貢献する。しかもその目指すものは大きい。すでに存在するものの修正や改善では満足しない。価値と満足を創造し、単なる素材を資源に変える。あるいは新しいビジョンのもとに既存の資源を組み合わせる。

この新しいものを生み出す機会となるものが変化である。イノベーションとは意識的かつ組織的に変化を探すことである。それらの変化が提供する経済的、社会的イノベーションの機会を体系的に分析することである。

通常それらの変化は、すでに起こった変化や起こりつつある変化である。成功したイノベーションの圧倒的に多くが、そのような変化を利用している。イノベーションの中には、それ自体が大きな変化であるものもある。しかし、ライト兄弟による飛行機の発明のような技術的イノベーションはむしろ例外に属する。実際には、成功したイノベーションのほとんどが平凡である。単に変化を利用したものにすぎない。したがってイノベーションの体系とは、具体的、処方的な体系である。すなわち、それは変化に関わる方法論、企業家的な機会を提供してくれる典型的な変化を体系的に調べるための方法論である。

七つの機会

具体的には、イノベーションの機会は七つある。最初の四つは、企業や公的機関の組織の内部、あるいは産業や社会的部門の内部の事象である。したがって、内部にいる人たちにはよく見えるものである。それらは表面的な事象にすぎない。しかし、すでに起こった変化や、たやすく起こすことのできる変化の存在を示す事象である。まず第一が予期せぬことの生起である。予期せぬ成功、予期せぬ失敗、予期せぬ出来事である。第二がギャップの存在である。現実にあるものと、かくあるべきものとのギャップである。第三がニーズの存在である。第四が産業構造の変化である。

残りの三つの機会は、企業や産業の外部における事象である。すなわち、第五が人口構造の変化である。第六が認識の変化、すなわちものの見方、感じ方、考え方の変化である。第七が新しい知識の出現である。

これら七つのイノベーションの機会は、截然と分かれているわけではなく互いに重複する。それはちょうど七つの窓に似ている。それぞれの窓から見える景色は隣り合う窓とあまり違わない。だが部屋の中央から見える七つの景色は異なる。

七つの機会それぞれが異なる性格をもち、異なる分析を必要とする。いずれが重要であり生産的であるかはわからない。さして意味のない製品の改善や価格の変更によって生じた変化を分析することによって、偉大な科学的発見による新しい知識を華々しく応用するよりも大きなイノベーションが行われることがある。

ただし、これら七つの機会の順番には意味がある。信頼性と確実性の大きい順に並べてある。一般に信じられていることとは逆に、発明発見、特に科学上の新知識は、イノベーションの機会として、信頼性が高いわけでも成功の確率が大きいわけでもない。新知識に基づくイノベーションは目立ち重要ではあっても、信頼性は低く成果は予測しがたい。

これに対し、日常業務における予期せぬ成功や予期せぬ失敗のような、不測のものについての平凡で目立たない分析がもたらすイノベーションのほうが、失敗のリスクや不確実性ははるかに小さい。またそのほとんどは成否は別として、事業の開始から成果が生まれるまでのリードタイムがきわめて短い。

第3章　予期せぬ成功と失敗を利用する——第一の機会

予期せぬ成功ほど、イノベーションの機会となるものはない。これほどリスクが小さく苦労の少ないイノベーションはない。しかるに予期せぬ成功はほとんど無視される。困ったことには存在さえ否定される。

予期せぬ成功

ここに一つの例がある。三〇年以上前、私はニューヨーク最大の百貨店、メイシーの会長から、家電の売行きを抑えるにはどうしたらよいかと相談された。「どうしてですか、損をしているのですか」と聞いたところ、「いや、婦人服よりも儲かっている。返品や万引きもない」とのことだった。

「家電の客が多いと、婦人服の客が来なくなるのですか」と聞くと、「いや、以前は婦人服の客に家電を売っていたが、この頃では家電の客に婦人服を売っているくらいだ。だがうちのような店では、売上げの七割は婦人服でなければならない。家電の伸びが大きく、六割にも達したというのは異常だと思う。健全な水準に戻すために婦人服の売上げを伸ばそうとしたが、どうしてもうまくいかない。だから家電のほうを抑えるしかない」という答えだった。

この話があってからほぼ二〇年というもの、メイシーは低迷を続けた。メイシーがニューヨークの小売業界で、その支配的な地位を利用できなかった原因は、市内の荒廃や店舗規模の問題など、いくつでも挙げることができる。しかし一九七〇年にマネジメントが交代し、戦略を変え、家電に力を入れるようになると、市内の荒廃や人件費の高さ、店舗規模の問題にもかかわらず、再び盛況をきわめるようになった。

メイシーが予期せぬ成功を拒否していたちょうど同じ頃、同じニューヨークの百貨店、ブルーミングデイルがまったく同じ予期せぬ成功を利用して、ニューヨークの小売業界で第二位の地位を占めるまでに成長した。それまで業界第四位だったブルーミングデイルは、メイシーよりもさらに婦人服中心の百貨店だった。だが一九五〇年代初めに家電の売上げが伸び始めると、これを絶好の機会としてとらえた。予期せぬことが起こっていることを知り、分析した。そして、家電と家具部門を中心とする新しい百貨店としての地位を築いた。さらに家電の伸びが意味する新しい顧客層に目を向け、婦人服などの衣料品の戦略を大幅に変えた。

今日、メイシーは辛うじて業界第一位を保っている。ブルーミングデイルは、しゃれたニューヨークの百貨店として第二位の座を確保した。しかし、かつて二位を争っていたベストなどの一九五〇年代の婦人服小売りの雄はいずれも姿を消した。

メイシーの話は極端に思われるかもしれない。しかしこの話で例外的なところは、会長自身は自分が何をしているかを自覚していたことである。自らの愚かさを自覚せずにメイシーと同じ失敗をしているマネジメントは多い。

マネジメントにとって、予期せぬ成功を認めることは容易ではない。勇気が要る。同時に現実を直視する姿勢と、間違いを率直に認めるだけの謙虚さがなければならない。予期せぬ成功をマネジメントが認めないのは、人間誰しも、長く続いてきたものが正常であって、永久に続くべきものと考えるからである。自然の法則のように受け入れてきたものに反することは、すべて異常、不健全、不健康として拒否してしまう。

トップマネジメントの地位にある者の多くは、大企業、中小企業を問わず、あるいは官民を問わず、特定の部門や分野から昇進してきている。彼らにとって当然のものは、それら自らの出身部門や分野である。

例えばメイシーの会長から先の話をされた頃、同社のトップマネジメントの中で婦人服のバイヤー以外の仕事からスタートし、昇進したのは人事担当の副社長だけだった。その副社長以外の者にとって、家電は異物にすぎなかった。

しかも、予期せぬ成功は腹が立つ。

長年の主力製品、シンボル的な製品の改善と完成に力を入れている企業が、それまでの製品にほとんど意味のないような手直しを加えて市場に出したとする。花形営業マンが求めたからでも大事な顧客が求めたからでもよい。むしろたまたまのことである。そのような代物が売れるはずのないことはわかっている。売れることなど望んでもいない。

ところが、その代物が市場を席巻し、主力製品で目論んでいた売上げを食う。当然、不愉快に思い、庇を貸して母屋をとられたとこぼす。その反応は、半生を注いできた愛すべき婦人服の座が、好きでもない家電にとられてしまったメイシーの会長と同じである。

しかしマネジメントが報酬を支払われているのは、判断力に対してであって無謬性に対してではない。マネジメントは、自らの過誤を認め受け入れる能力に対しても報酬を払われている。特にそれが機会に道を開くものであるとき、このことがいえる。だがこのことを理解している者は稀である。

動物用医薬品業界において、世界の主導的な地位を占めているスイスの医薬品メーカーがある。扱っている動物用医薬品のうち自ら開発したものは一つもない。それらの医薬品を開発したメーカーが、動物用医薬品市場に進出することを嫌ったために扱えるようになったにすぎない。抗生物質を中心とするそれらの医薬品は、もともと人体用に開発したものだった。獣医たちが畜産用の注文を寄こしたとき、開発したメーカーは喜ぶどころか、時には売ることさえ拒否した。当然、動物用に調合を変えたり包装を変えるようなことはしなかった。抗生物質を動物の治療に使うことは、貴重な医薬品の濫用であると主張する医薬品メーカーの医師さえいた。したがって、そのスイスの動物用医薬品メーカーは、動物用医薬品としてのライセンスを簡単に取得できた。困った成功から解放されて喜ぶメーカーさえあった。

しかしその後、人体用の医薬品は世界中で激しい価格競争にさらされ、しかも行政による厳しい規制を受けるようになった。その結果、今日では動物用医薬品が医薬品業界で最も利益率のよい分野になった。だがその利益を享受しているのは、それらの医薬品を開発したメーカーではない。

さらによく起こることとして、予期せぬ成功は気づかれさえしない。注意もされない。利用されないまま放っておかれる。そこに誰かが現れ、利益をさらっていく。

ある病院用機器メーカーが、あるテスト機器を開発した。よく売れた。しかも突然、企業や大学の研究所から注文がくるようになった。だが誰もそれについて報告を受けず、気づかなかった。狙った市場ではなかったし、そこにより多くの優良な顧客がいることを認識しなかった。したがって、営業マンを行かせもしなければアフターサービス網もつくらなかった。

五年から八年ほど経ったとき、その市場はほかのメーカーに奪われた。しかも市場規模からくる事業の大きさゆえに、その新しく現れたメーカーは、かつて病院市場でトップだったそのメーカーよりも安い価格と優れたサービスを武器に、病院市場にも進出してきた。

予期せぬ成功に気づかないのは、今日の報告システムが、注意を喚起するどころか報告さえしないからである。

企業や公的機関の月ごとあるいは四半期ごとの報告書は、その一ページ目において、目標を達成できなかった分野や問題を列挙する。当然のこととして定例の経営会議や取締役会では、目標以上の成果をあげた分野ではなく、問題の起こった分野に関心を向けることになる。しかも、この病院用テスト機器のケースのように、予期せぬ成功が新しい市場の獲得という定性的なものであるならば、数字はその存在さえ教えてくれない。

イノベーションへの要求

予期せぬ成功がもたらすイノベーションの機会を利用するには分析が必要である。予期せぬ成功は兆候である。しかし何の兆候か。予期せぬ成功が、単にマネジメントの視野、知識、理解の欠如を示しているにすぎない場合もある。

例えば、医薬品メーカーの多くが動物用医薬品市場での成功を拒否したという事実は、世界の畜産市場の規模と重要性に対するマネジメントの認識の欠如、第二次世界大戦後における動物性蛋白質の需要の伸びに対する読みの甘さ、農民の知識や能力の変化に対する理解の欠如を意味したにすぎない。

メイシーにおける家電の予期せぬ成功は、ブルーミングデイルが理解したように、消費者の行動、期待、価値観が基本的に変化したことを意味していた。第二次世界大戦までは、百貨店の顧客は特定の社会的、経済的階層、特定の所得階層の人たちだった。しかし戦後は、特定の生活様式の人たちが百貨店の顧客となった。そしてブルーミングデイルは、アメリカの百貨店、特に東部の百貨店の中で最初にこの変化を認識し、利用し、新しい大店舗小売店を生み出すことに成功した。

企業や大学の研究所におけるテスト機器の予期せぬ成功は、一〇〇年近くにわたって存在していた科学機器の使用者間における目的、要求、期待の境界が急速に消滅したことを意味していた。テスト機器の予期せぬ成功が意味していたものは、単にその製品がほかの用途に使われたというだけではなかった。病院市場というニッチ市場の終わりを意味していた。

三〇年あるいは四〇年という長い期間、自らを病院用機器の設計、生産、販売に携わる者と規定し、しかもそのように規定することによって成功を収めてきたものが、いまや自らをテスト機器一般のメーカーとして規定し直し、かつての市場よりも大きな市場を相手として、製品の設計、生産、販売、サービスのための能力を発展させなければならなくなっていた。しかし気づいたときには、市場の大きな部分は永久に失われていた。

このように、予期せぬ成功はイノベーションのための機会であるだけではない。それは、まさにイノベーションに対する要求でもある。

予期せぬ成功は、自らの事業と技術と市場の定義について、いかなる変更が必要かを問うことを強いる。それらの問いに答えたとき初めて、予期せぬ成功が最もリスクが小さく、しかも最も成果が大きいイノベーションの機会となってくれる。

世界最大級の二つの企業、すなわち世界最大の化学品メーカーであるデュポンと、コンピュータ産業の巨人ＩＢＭの二社は、予期せぬ成功をイノベーションの機会として利用し、その後の発展の礎とした。

デュポンは一三〇年間、自らを火薬メーカーと規定していた。しかし一九二〇年代の初頭、初めて他の分野に進出すべく組織的な開発研究に取り組むことになった。その一つに第一次世界大戦中にドイツが突破口を開いたポリマーの開発があった。だがデュポンは、何年もの間いっこうに成果をあげることができなかった。

しかし一九二八年のある週末、研究助手の一人がバーナーの火を消し忘れたところ、翌週月曜の朝、化学者ウォレス・H・カロザースが繊維状に凝結したポリマーを見つけた。デュポンがナイロンの製造方法を発表したのは、その一〇年後だった。

この話のポイントは、ドイツの大手化学品メーカーでもこれと同じ出来事がすでに何度も起こっていたというところにある。もちろん彼らもポリマーを求めていた。彼らはデュポンより一〇年早く、ポリマーとともに化学産業界のトップの地位を手にすることができたはずだった。しかし開発研究を組織的に進めていなかった彼らは、たまたま繊維状に凝結したものを洗い流し、初めから実験をやり直すことを繰り返していた。

ＩＢＭの例もまた、予期せぬことから何が得られるかを教えてくれる。ＩＢＭの今日があるのは、まさに予期せぬ成功を一度ならず二度までも利用したためだった。

一九三〇年代の初め、ＩＢＭは倒産寸前だった。銀行用の事務機の開発に手持ち資金のすべてを注ぎ込んでいたというのに、大恐慌のさなかにあった銀行は新しい事務機を買ってくれなかった。すでに当時レイオフを行わないことを社是としていたＩＢＭは、倉庫に積み上げるだけのためにに次から次へと生産を続けていた。

伝えられるところによれば、そのようなどん底にあった頃、ある晩餐会でＩＢＭの創立者トマス・ワトソン・シニアの隣に一人の女性が座った。彼の名前を知ってその女性は、「ＩＢＭのワトソンさんですか。どうしてお宅の営業マンは、私のところに売り込みに来ないのですか」と聞いたという。その女性が何を求めているかは、彼女がニューヨークの公立図書館の館長であることを知ったあとでもわからなかった。そもそも彼は図書館になど行ったことがなかった。しかし翌日、彼は開館と同時に彼女の前に現れた。当時図書館には政府の予算がかなりついていた。二時間後、彼は社員に翌月の給料を払えるだけの注文をもらっていた。その後この話が出るたびに、彼は笑いながら、「新しい方針を一つ、そのとき思いつきでつくってしまった。現金先払いだ」といっていた。

その一五年後、IBMはコンピュータをつくった。初期のアメリカのコンピュータがみなそうであったように、IBMのコンピュータも科学計算用のものだった。そもそもIBMがコンピュータをつくった理由の一つにワトソンの天文学好きがあった。マジソン・アベニューのショーウィンドーで公開し大勢の見物客を集めたときも、月の満ち欠けを計算するようプログラムしていた。

ところがすぐに、企業が、この科学の偉業たるコンピュータを給与計算など世俗的な仕事に使い始めた。当時最も進んだ技術をもち、しかも企業にうってつけのコンピュータを開発していたユニバックは、その偉業が世俗的な企業によっていわば汚されることを嫌った。

これに対しIBMは、企業のニーズに驚かされつつも直ちに応じた。ユニバックが開発した設計を模倣してまで、会計事務に向いていなかった自社のコンピュータを設計し直した。こうしてIBMは、四年足らずでコンピュータ市場でトップの地位を得た。ただし技術的には、IBMがユニバックに追いついたのは、さらにその一〇年後だった。

IBMは顧客たる企業のニーズに応じた。プログラマーの訓練を有料で行うなど商業ベースで企業のニーズに応じた。

予期せぬ成功が意味するもの

予期せぬ成功は体系的に探求しなければならない。まず行うべきは、予期せぬ成功が必ず目にとまる仕組み、注意を引く仕組みをつくることである。マネジメントが手にし、検討すべき情報の中に適切に位置づけることである。そして、そのようにして提示された予期せぬ成功のすべてについて、マネジメントたる者は次のように問わなければならない。

①これを機会として利用することは、わが社にとっていかなる意味があるか。
②その行き着く先はどこか。
③そのためには何を行わなければならないか。
④それによって仕事の仕方はいかに変わるか。

予期せぬ成功は機会である。しかし、それは要求でもある。正面から真剣に取り上げられることを要求する。間に合わせではなく、優秀な人材が取り組むことを要求する。マネジメントに対し、機会の大きさに見合う取り組みと支援を要求する。

予期せぬ失敗

予期せぬ成功とは異なり、予期せぬ失敗は取り上げることを拒否されたり、気づかれずにいることはない。しかし、それが機会の兆候と受けとめられることはほとんどない。

予期せぬ失敗の多くは、単に計画や実施の段階における過失、貪欲、愚鈍、雷同、無能の結果である。だが慎重に計画し、設計し、実施したものが失敗したときには、失敗そのものが変化とともに機会の存在を教える。製品やサービスの設計、マーケティングの前提となっていたものが、もはや現実と乖離するにいたっているのかもしれない。顧客の価値観や認識が変わっているのかもしれない。同じものを買ってはいるが、違う価値を買っているのかもしれない。かつては一つの市場、一つの最終用途であったものが、まったく異質の二つ、あるいはそれ以上の市場や最終用途に分かれてしまったのかもしれない。それらの変化は、すべてイノベーションの機会である。


ベビーブーマーの世代が所帯をもち、家を買う年齢になった一九七三年から七四年にかけて不況がやってきた。インフレも悪化し始めた。住宅の値上がりが大きかった。住宅ローンの金利も上昇した。

そこで住宅業者の何社かが、当時の標準タイプよりも小さな安い住宅をつくり、基本住宅として売り出した。しかし初めて家を買う人たちにとって、買い得とされたこの住宅は大失敗だった。金利を下げ、支払期間を延ばし、値を引いて売りさばこうとしたが、誰も買おうとしなかった。ほとんどの住宅業者が、予期せぬ失敗に直面した企業が行うであろうことはすべて行った。結果は、不合理な消費者の行動に悪態をつくぐらいが関の山だった。

ところが、ある小さな業者が何が起こっているかを調べた。その結果、若い夫婦が最初に買う家に求めるものに大きな変化が起こっていることを知った。祖父母たちの世代とは異なり、彼らが最初に買う家は一生住むためのものではなかった。七〇年代の若夫婦は最初の家に二つのものを求めていた。一つは数年雨露をしのげるものであり、もう一つは数年後大きな立派な家をもつための足がかりになるものだった。

最初の家は、長く住む立派な家を買うための頭金として売らなければならなかった。しかし、基本住宅の中古など誰も欲しがらず、よい値で売れるはずはないと考えた。したがって基本住宅は、本当の住宅を買うための手助けとなるどころか夢の実現の邪魔にしかならなかった。

一世代前の一九五〇年頃の若夫婦は、自分たちが労働者階級であることを自覚していた。欧米では、労働者階級は見習い期間を経て正規の職を得た後は、収入や生活水準があまり変わらなかった。年功は、(日本を例外として)賃金よりも雇用の安定において意味があるにすぎなかった。

しかし七〇年代の中流階級は、四五歳あるいは四八歳に達するまで、所得の着実な増加を期待できた。一九五〇年から七五年の間のどこかで、アメリカの若者の現実、認識、教育、期待、仕事が、労働者階級から中流階級へと変化していた。同時に、最初の家の意味が変化し、価値観が変化していた。

この変化を理解したとき、イノベーションは速やかに行われ成功した。しかもこの変化は、週末を何回か使って、家を買いそうな若夫婦の声に耳を傾けるだけでわかるものだった。

その住宅建設業者は、基本住宅に大きな手を加えたわけではなかった。台所の設計を変え、居心地を多少よくはしたが、住宅そのものは、売れなくて困っていたあの基本住宅そのものだった。しかしそれは、あなたの家としてではなく、あなたの最初の家、欲しい家への第一歩として売られた。

家を買おうとする若夫婦は、基本住宅以外に、二つ目の浴室やいくつかの寝室、地下室を建て増ししたモデルハウスも見せられた。その住宅会社は、基本住宅を一生住む家に増改築するために必要な市当局の許可証さえ手に入れていた。さらには、五年ないし七年後に大きな家を自社から購入してくれる際の下取り価格まで示した。リスクはなかった。人口構造から見ても、八〇年代末から九〇年代までは、一九六一年の少子化以前に生まれた人たちが、それらの下取りした住宅を買ってくれるはずだった。

この住宅会社は、予期せぬ失敗をイノベーションの機会としてとらえるまでは、ある中都市で小さな仕事をしている中小企業にすぎなかった。しかし五年後には、七つの都市圏に事業を広げ、そのいずれにおいても最大手もしくは第二位の地位を占めるまでになった。一軒も家が売れない大手の住宅会社がいくつもあった一九八一年から八二年にかけての住宅不況のときでさえ成長を続けた。「最初に下取り保証をしたときには想像もしなかったことが起こった。少し手を加えるだけで、かなりの利益を上乗せして売れる新品同様の中古住宅が、安定的に手に入るようになった」からだった。

マネジメント、特に大組織のトップマネジメントは、予期せぬ失敗に直面すると、いっそうの検討と分析を指示する。しかし基本住宅のケースが教えるように、それは間違った反応である。予期せぬ失敗が要求することは、トップマネジメント自身が外へ出て、よく見、よく聞くことである。予期せぬ失敗は、常にイノベーションの機会の兆候としてとらえなければならない。トップ自らが真剣に受けとめなければならない。

もちろん消費者だけでなく、取引先に起こる予期せぬ事態にも注意を向けることが必要である。例えばマクドナルドの創業は、創立者レイ・クロックが顧客の予期せぬ成功に注意を向けたことがきっかけだった。

当時クロックは、ハンバーガー店にミルクセーキ用のミキサーを売っていた。ところがあるとき、はるかカリフォルニアの小さなハンバーガー・チェーンが、それらの場所や店の規模にしては不釣り合いなほど多く買ってくれていることに気づいた。調べたところ、そのチェーンが店の経営をきわめて合理的にやっていることを知った。やがてクロックはそのチェーンを買い取り、この予期せぬ成功をもとに、一〇〇億ドル・ビジネスをつくりあげた。

競争相手の予期せぬ成功や失敗に注意を払うことは重要である。イノベーションの機会の兆候として取り上げなければならない。分析するだけでは不十分である。調べるために出かけなければならない。

分析と知覚の役割

イノベーションとは組織的かつ体系的な仕事である。しかし、それは分析的であるとともに知覚的な仕事でもある。もちろんイノベーションを行おうとする者は、見聞きしたものを論理的かつ詳細に分析する必要がある。知覚するだけでは駄目である。知覚というものが、単に感じることを意味するのであれば、イノベーションにおいて知覚は役に立たない。そのような知覚は、見えるものではなく見たいものを見るにすぎないからである。

しかし、実験と評価を伴う緻密な分析といえども、その基礎となるのは、あくまでも変化、機会、現実、現実と認識のギャップなどに対する知覚である。したがって、「分析できるほどはまだわからない。しかし、必ず見つけ出す。外に出かけ、観察し、質問し、聞いてくる」といわなければならない。予期せぬものは、通念や自信を打ち砕いてくれるからこそイノベーションの宝庫となる。
実際のところ、企業家たる者にとって、現実が変化した原因を知る必要はない。何が起こったかはわかっても、なぜ起こったかはわからないほうが多い。だが、なぜ起こったかはわからなくともイノベーションに成功することはできる。ここに一つの例がある。

一九五七年に起こったフォードのエドセルの失敗は、あまりにも有名である。少なくともアメリカ人ならば、当時まだ生まれていなかった者でさえ聞いたことのある話である。しかし、エドセルがギャンブルのようなプロジェクトだったという一般に伝えられている話はまったくの誤りである。

フォードのエドセルほど、慎重に設計し、売り出し、マーケティングした製品はなかった。第二次世界大戦後の倒産寸前の状態から、GM（ゼネラルモーターズ）の競争相手としてアメリカ市場で第二位の座を確保し、急速に成長しつつあるヨーロッパ市場で第一位の座を狙うにいたった一〇年間に及ぶフォードの大戦略において、エドセルは総仕上げとなるべきモデルだった。

一九五七年当時、フォードは、アメリカ四大自動車市場のうち三つの市場でGMの強力な競争相手としての地位を確保していた。「一般」市場にはフォード、「中流の下」市場にはマーキュリー、「上流」市場にはコンチネンタルを擁していた。残る一つの市場、すなわち競争相手のGMがビュイックとオールズモビルによって支配していた「中流の上」市場を狙ったのがエドセルだった。この市場は、特に第二次世界大戦後急速に成長している市場でありながら、第三位のクライスラーも手をこまねいている市場だった。

したがって、フォードにとってドアは大きく開いていた。フォードは企画と設計に時間をかけ、市場調査によって得た情報、特に車体についての消費者の好みを設計に組み込むとともに、品質管理についても最高の基準を設定した。それにもかかわらず、エドセルが失敗だったことは発売と同時に明らかとなった。

しかし、失敗に対するフォードの対応は目を見張るものだった。消費者の行動の不合理をこぼす代わりに、消費者行動についてのそれまでの考え方、長い間有効であったために自明の理とされていた考え方とは合致しないことが何か起こっているに違いないと結論した。

そして外へ出て調べた結果、一九二〇年代にアルフレッド・P・スローンがGMの成長の基礎としたアメリカの自動車市場の区分の仕方、すなわち「一般」「中流の下」「中流の上」「上流」という区分が、まったく新しい市場区分、すなわち今日ライフスタイルといわれているものに変わりつつあること、少なくともそれと共存するようになっていることを知った。

その結果として考えられたのが、エドセルの失敗のわずか数年後、自動車史上、ヘンリー・フォード・シニアによる一九〇八年のT型フォード以来の大成功となったサンダーバードの開発だった。こうしてフォードは、GMの模倣者としての地位を脱し、強力な競争相手として再登場した。

今日でも、われわれは、自動車史上重要なこの市場の変化の原因を知ることができないでいる。それは、ベビーブームによる一〇代への人口の重心の移行や、高等教育の恐るべき普及、女性の生き方の変化など、一般に指摘されている現象が生じる前に起こっている。

しかもわれわれは、そもそもライフスタイルが何を意味するかさえまだ知らない。これまでライフスタイルについて行われてきた説明はいずれも決定版ではない。したがってわれわれが知っていることは、何かが起こったということだけである。

しかし、成功にせよ失敗にせよ、予期せぬことが起こったことを知るだけで、イノベーションの機会とするには十分である。

外部の予期せぬ変化

これまで予期せぬ成功や失敗は、企業や産業の内部で起こるものとして論じてきた。しかし外部の事象、すなわちマネジメントが今日手にしている情報や数字には表れない事象も、同じように重要な意味をもつ。事実それらの事象は、企業や産業内部の事象よりも重要であることが多い。

次に挙げる例は、外部の予期せぬ変化を利用してイノベーションの機会とすることに成功した典型的なケースである。

ＩＢＭでは、一九七〇年代に入ってからもしばらく、社内の経営管理者や技術者の間にさまざまな意見の対立が見られたが、唯一意見が完全に一致していることが一つあった。それは、より大きなメモリーと計算能力をもつメインフレーム・コンピュータこそ未来を担うものだということだった。ＩＢＭの技術者たちは、それ以外の機器では費用がかかりすぎ、しかも複雑すぎて能力に限界があると確信していた。したがってＩＢＭは、メインフレーム分野でトップの地位を守ることにあらゆる資源と努力を集中していた。

ところが一九七五年か七六年頃、驚いたことに、一〇歳そこそこの子供たちがコンピュータでゲームをするようになった。時を同じくして、その父親たちが最も小型のメインフレームと比べてさえ、はるかに性能の劣るパソコンを使い始めた。起こりえないとしていたことが実際に起こった。

パソコンは、メインフレーム・コンピュータに接続した端末機器よりも費用が数倍かかり、能力がはるかに劣っていた。しかも、ほとんど互換性のないさまざまなハードとソフトがつくられたため、あらゆるものが混乱状態に陥り、サービスも補修も満足には行われなかった。

ところが消費者のほうは、いっこうに困った様子を見せなかった。それどころかパソコンの売上げは、一九七九年から八四年のわずか五年間で年間一六〇億ドルという、メインフレーム・コンピュータが三〇年かかって達成した水準に達した。もちろんＩＢＭとしては、そのような状況を無視してもおかしくはなかった。

ところがＩＢＭは、メインフレーム・コンピュータ市場の七〇億ドルに対しパソコン市場が二億ドル以下だった一九七七年、独自のパソコンを開発するべく、二つのプロジェクト・チームをつくって競争させた。こうしてパソコン市場が爆発的に伸び始めた一九八〇年には、独自のパソコンを生産し始めた。その三年後の八三年には、早くもメインフレーム・コンピュータ市場と同じように、パソコン市場でもトップの地位を占めた。同年には、ピーナッツという家庭用パソコンまで発売した。

私はＩＢＭの人たちと話をするたびに、「パソコンの普及など起こるはずがなく、無意味であると信じていながら、機会になると考えるようになったのはなぜか」とたずねたものである。答えはいつも同じだった。「起こるはずもない無意味なことと信じていただけに、ショックだった。当たり前のように信じていたことがすべてごみ箱行きになってしまった。そこで、外へ出て、起こるはずがないのに起こってしまったものを調べて、利用することにした」

外部の予期せぬ変化をイノベーションの機会として利用し成功するための条件は、その機会が自らの事業の知識と能力に合致していることである。

外部の予期せぬ変化といえども、既存の能力の新たな展開の機会としてとらえなければならない。自らの事業の性格を変えてはならない。多角化ではなく展開でなければならない。もちろん前述のケースで明らかなように、製品やサービス、流通チャネルのイノベーションの追加も必要となる。

第4章 ギャップを探す——第二の機会

ギャップとは、現実にあるものと、あるべきものとの乖離、あるいは誰もがそうあるべきとしているものとの乖離であり、不一致である。原因はわからないことがある。見当さえつかないことがある。だがそれにもかかわらず、ギャップの存在はイノベーションの機会を示す兆候である。それは、地質学でいう断層の存在を示す。まさに断層はイノベーションへの招待である。断層では、経済構造や社会構造に変化をもたらす不安定な状態となる。

ギャップは通常、マネジメントに提示され検討を加えられる数字や報告の形では現れない。定量的ではなく定性的である。ギャップとは、予期せぬ成功や失敗と同じように、すでに起こった変化や起こりうる変化の兆候である。

ギャップは、予期せぬ事象と同じように、一つの産業、市場、プロセスの内部に存在する。したがって、その産業や市場、プロセスの内部、あるいは周辺にいる者ははっきり認識することができる。まさにそれらは彼らの目の前にある。

しかし同時に、ギャップは、それを当然のこととして受けとめてしまいがちな内部の者が見逃しやすいものでもある。彼らはずっとそうだったという。しかし多くの場合、その「ずっと」が、実はごく最近のことにすぎない。

イノベーションの機会としてのギャップはいくつかに分類できる。①業績ギャップ、②認識ギャップ、③価値観ギャップ、④プロセス・ギャップである。

業績ギャップ

製品やサービスに対する需要が伸びているならば、業績も伸びていなければならない。利益をあげることは容易なはずである。上げ潮に乗っているはずである。そのような状況にありながら業績があがっていないのであれば、何らかのギャップが存在すると見るべきである。

それらのギャップは、一つの産業全体あるいは社会部門全体におけるマクロ的な現象であることが多い。通常それらのギャップをイノベーションの機会として利用するのは中小の専門企業である。しかも、この機会を利用する者は、長期にわたってその利益を享受することができる。

ほかの企業や公的機関が、この危険な競争相手に気づくのはかなり経ってからである。ほかの企業や公的機関は、需要の増大と業績不振とのギャップを埋めるのに忙しく、誰かほかの者が、何か別のこと、成果のあがること、需要の増大を利していることに気づかない。

何かが起こっているらしいことがわかることはある。ところが、なぜ需要の増大が業績の向上に結びつかないのかはわからない。しかしイノベーションを行うためには、必ずしも物事が動くべき方向に動かない原因を知ろうとして苦労する必要はない。このギャップをイノベーションの機会として利用するためにはどうすべきか、何がそれを機会に変えてくれるか、何ができるかを問えばよい。

業績ギャップは行動を要求する。問題が明らかでなくとも、とるべき行動が明らかなことがある。もちろん問題が明らかでありながら、とるべき行動が明らかでないこともある。

鉄鋼業における電炉の例は、ギャップをイノベーションの機会として利用することに成功したよい例である。第一次世界大戦後から今日にいたるおよそ五〇年間、先進国の高炉メーカーがブーム的な高業績をあげたのは戦時中だけである。鉄鋼に対する需要は少なくとも一九七三年までは着実に伸びていたが、平時における高炉メーカーの業績は失望させられることが多かった。

この業績ギャップの原因は昔から明らかだった。高炉の場合、需要の増加に応じた生産量の増加の最小単位がきわめて大きく、必要とされる設備投資が巨額にのぼり、生産能力が大幅に増大するからである。新設の高炉の稼働率は、需要が新たな生産能力に追いつくまでの間、低いものとならざるをえない。しかも戦時を除き、需要は徐々にしか増加しない。

しかし需要が増加しているときに生産設備の増設を行わないことは、シェアの喪失、時には恒久的な喪失を意味する。そのようなリスクを冒せる高炉メーカーはない。したがって高炉が好収益を享受できるのはごく限られた期間、すなわちあらゆる高炉メーカーが設備の増設を開始してから完成するまでのわずかな期間ということになる。

そのうえ一八七〇年代に発明された製鉄のプロセスそのものが、これも昔から知られているように基本的に不経済である。物理の法則に反し、したがって経済の法則に反する。物理の世界では、温度の変化は重力や慣性に対する抵抗に次いで大きなエネルギーを要求する。しかるに一貫製鉄所では加熱と冷却を四度繰り返す。そのうえ高熱の重量物をもち上げ、相当の距離を運ばなければならない。

このような高炉に特有の弱みを緩和するイノベーションを行えば、鉄鋼の生産コストを大幅に引き下げられることはかなり前から明らかになっていた。そして電炉が行ったことが、まさにそれだった。

電炉は決して小さな製鉄所ではない。最低規模の電炉さえ年間売上げ一億ドルである。だが最低規模の一貫製鉄所と比べて六分の一から一〇分の一にすぎない。

したがって、電炉はすでに市場に存在する需要に合わせて、生産能力の増大を小きざみに行うことができる。しかも電炉は一度加熱するだけである。冷却を行わずに、そのまま全プロセスを終了する。電炉は原料として鉄鉱石の代わりに鉄屑を使い、最終製品も鋼板や棒鋼に特化している。高炉が労働集約的であるのに対し、オートメ化が容易である。電炉の生産コストは高炉の半分以下である。

各国の政府、労働組合、一貫製鉄所は、あらゆる方策をもって電炉の発展を抑えようとした。しかし電炉は増えつづけている。その間、高炉による大規模一貫製鉄所のシェアは低下していく。

この例が示すように、業績ギャップをイノベーションの機会として利用するには、まず解決すべき問題を明確にしなければならない。そして、既知の技術と既存の資源を利用してイノベーションを実現しなければならない。

もちろん開発のための努力は必要である。しかし革新的な知的発見を必要とする状況であるならば、企業家の出番はまだ早く、機は熟していないというべきである。しかもイノベーションは複雑であってはならず、単純でなければならない。華々しいものではなく、当たり前のものでなければならない。

認識ギャップ

産業内部の者が物事を見誤り、現実について誤った認識をもつとき、その努力は間違った方向に向かう。成果を期待できない分野に集中する。そのとき、それに気づき利用する者にとっては、イノベーションの機会となる認識ギャップが生まれる。

そのよい例が今日の世界貿易の担い手たるコンテナー船である。いまから三五年ほど前の一九五〇年代初め、貨物船は死滅すべき運命にあるとされていた。一次産品のばら積み以外は航空機に代わられると予測されていた。海上輸送費は急速に上昇していた。港での貨物の滞留がひどくなるにつれ、ますます時間がかかるようになった。船は沖合いで待機させられ、貨物は滞り、盗みの被害は増大した。

主たる原因は、海運業界が、長年にわたって成果を期待できない課題に力を入れていたことにあった。彼らは、船舶の高速化、省エネ化、省力化に力を入れていた。海上すなわち港と港の間で経済性を追求していた。

船舶は資本財である。あらゆる資本財にとって最大のコスト要因は遊休時間である。その間、利益を生まないものに対し金利を払わされる。海運業界で働く者はすべて貨物船の最大のコストが金利であることを知っていた。だが彼らは、すでにかなり低くなっているコスト、すなわち海上にあって稼働状態にある船舶のコスト低減に力を入れつづけた。

問題の解決は、積み込みと輸送の分離という単純なことだった。空間が十分にあり、事前に作業ができる陸上で積み込みを行っておき、あとは入港した船に載せるだけのことだった。それは船舶の稼働時ではなく、遊休時のコストの削減に努力を集中することだった。それがコンテナー船だった。

この簡単なイノベーションの結果は目を見張るものがあった。その後の三〇年間において海上輸送は五倍に伸び、輸送コストは六〇%削減された。船が港に停泊する時間も四分の三に削減され、港の混雑や盗みも減少した。

認識ギャップは自ら明らかとなることが多い。真剣な努力が事態を改善せず、むしろ悪化させるとき、例えば船舶の高速化が港の混雑と海上輸送のいっそうの遅れをもたらすようなときには、そもそも努力の方向性が間違っていることが多い。そのようなときには、単に成果のあがることに力を入れるだけで大きな成果が簡単に得られる。

事実、認識ギャップを利用するために華々しいイノベーションを必要とすることはあまりない。海上貨物の輸送と積み込みの分離にしても、トラックや貨車について行っていたことを応用したにすぎなかった。認識ギャップは産業や社会的部門全体について見られる現象である。しかしその解決策は通常、的を絞った単純で小さなイノベーションである。

価値観ギャップ

日本におけるテレビの普及という予期せぬ成功は、価値観ギャップがもたらす機会を示した。日本の経済界の大物がアメリカでの講演で、「テレビは高すぎて日本の貧しい人たちには買う余裕がない」と言ったはるか前に、欧米の貧しい人たちは、テレビの与えるものが経済的合理性の埒外にあることを身をもって示していた。

しかしこの日本の経営者には、消費者、特に豊かでない人たちにとってテレビは単なるモノではないことが見えていなかった。彼らにとって、テレビは新しい世界との接触であり、新しい生活と人生だった。

フルシチョフもまた、一九五六年の訪米時に「ロシア人はマイカーを必要としない。タクシーのほうが安くていい」といった。彼にも車が単なるモノでないことが見えていなかった。ティーンエージャーならば誰でも、フルシチョフに対し、車が単なる輸送手段ではなく、自由、移動、力、ロマンであることを教えることができた。そしてまさにこのフルシチョフの誤解が、ソ連においで世界で最も荒々しく企業家的なイノベーションの機会をもたらした。車の闇市だった。

これらの例は一般的すぎて、一人ひとりの企業人や病院や大学の経営者にとってあまり役に立たないかもしれない。

そこで次に、これらの例と同じように一般的ではあるが、事業上大きな意味のあった別の例を挙げたい。

アメリカ中西部のある都市の郊外に、この数年で急成長した金融機関の一つがある。今日、二〇〇〇の支店をもつこの証券会社は、顧客と証券業界の価値観のギャップに目をつけて成功し、成長した。

メリル・リンチ、ディーン・ウィッターズ、E・F・ハットンズなどの大手証券会社は、あらゆる顧客は自分たちと同じ価値観をもつと信じている。投資の目的は金を儲けることであるとしている。つまるところニューヨーク証券取引所の会員にとっては、顧客の行動の動機や成功の基準は利殖である。

しかしそのような価値観をもつ者だけが投資家ではない。投資家の多くは投資のプロではない。彼らは、金を儲けるためには、十分な知識のもとに四六時中資金の運用に取り組まなければならないことを知っている。ところが地方の自由業の人たちや、豊かな農家や、中小企業の経営者には、そのための知識はない。本業で忙しく稼いだものを運用に回す時間もない。これがその中西部の証券会社が目をつけた価値観ギャップだった。

外見上はほかの証券会社と変わらない。ニューヨーク証券取引所の会員でもある。しかしこの証券会社の業務のうち、取引所を通すものは全体の八分の一にすぎない。ウォールストリートの証券会社が力を入れているオプション取引や先物取引にも手を出さず、もっぱら自分たちが「賢明な投資家」と呼ぶ人たちを顧客にしている。

利殖の約束はしない。実は、この利殖をしないということがアメリカの証券業界ではイノベーションだった。株の売買に精を出す顧客を求めない。自由業の人たちや、豊かな農家や、中小企業の経営者など、支出が堅実で収入が支出を上回る人たちを顧客にしているだけである。

この証券会社は財産を守りたいという彼らの心理に働きかけている。扱う商品は、株式、公社債に加えて、年金、パートナーシップ投資、不動産信託などである。この証券会社が提供するものは、ウォールストリートの証券会社が売ってきたものとはまったく異なるもの、すなわち安心である。これこそが「賢明な投資家」にとって価値あるものだった。

ウォールストリートの証券会社はそのような顧客の存在さえ知らない。なぜならば、そのような顧客は彼らの価値観に反しているからである。今日ではこの証券会社の名前は広く知られている。成長している証券会社として必ず名前が出てくる。しかし今日にいたるも大証券会社のトップたちは、そのような競争相手が成功していることはもちろん、存在していることさえ認めようとしない。

価値観ギャップの背後には、必ず傲慢と硬直、それに独断がある。つまるところ、「貧しい人たちが何を買えるかを知っているのは、彼ら貧しい人たちではなく私である」という考え方である。フルシチョフがいったことも、「マルクス主義者ならば誰でも知っているように、人間というものは経済的合理性に従って行動するものである」ということだった。あらゆるギャップのうちで最も多く見られるのが、この価値観ギャップである。

イノベーションを行う者が価値観ギャップを利用しやすいのはこのためである。しかも彼らは、邪魔されずに放っておかれる。生産者や販売者は、ほとんど常にといってよいほど、顧客が本当に買っているものが何であるかを誤解している。

もちろん彼らは、自分たちにとっての価値が顧客にとっての価値であるという信念をもたなければならない。いかなるものであれ一つの仕事に成功するには、その仕事の価値を信じ、真剣に取り組む必要がある。化粧品の生産者は化粧品の意義を信じなければならない。さもなければ製品そのものが陳腐化し、顧客を失っていく。病院を経営する者は医療を絶対的な善として信じなければならない。さもなければ医療も看護も直ちに質が低下していく。

しかしそれにもかかわらず、生産者や販売者が提供していると思っているものを買っている顧客はほとんどいない。彼らにとっての価値や期待は、供給者の考えているものとは異なるのが常である。

そのようなとき、生産者が示す典型的な反応が「消費者は不合理であって品質に対し金を払おうとしない」である。しかしそのようなときこそ、生産者が顧客の価値としているものと、顧客が本当に価値としているものとの間にギャップが存在すると考えるべきである。

プロセス・ギャップ

一九五〇年代末、ある製薬会社の営業マンが、独立して事業を興そうと医療のプロセスにギャップを探した。そしてすぐに見つけた。

当時、最も一般的に行われていた手術の一つに老人性白内障があった。手術は定型的かつ機械的であって、完璧なダンスのように途切れることなく確実に行えるものだった。しかし一か所だけ、その流れが切れるところがあった。ごく小さな筋肉を切開し、血管を縫合しなければならなかった。血が流れ眼球を損なうおそれがあった。やさしい手術だったが、そこだけは手術をする者にとって気がかりだった。手術の流れが変わることが不安の種になっていた。何度手術をしても怖い部分だった。

製薬会社の営業マン、ウィリアム・コナーは、筋肉組織を瞬時に溶かすことのできる酵素がすでに一八九〇年代に分離されていることを知った。ただし当時は、その酵素を数時間しか生かしておくことができなかった。

酵素を保存する技術は長足の進歩を遂げているはずだった。事実コナーは数か月足らずで、酵素の効力を失うことなく保存期間を延ばす保存薬を見つけた。数年後には、世界中の眼科手術医がコナーの会社アルコン・ラボラトリーズの酵素を使うようになった。そして二〇年後、彼はその事業をある多国籍企業に高値で売った。

ここにもう一つ、教えられることの多い例がある。

Ｏ・Ｍ・スコットは、芝生関連の器具、種、肥料、殺虫剤の最大手メーカーである。現在は大企業の子会社になっているが、芝生業界におけるトップの地位は、同社がまだ中小企業の一つにすぎなかった頃、シアーズ・ローバックやダウ・ケミカルのような大企業との競争の末に勝ち取ったものだった。

同社の製品は確かに優れていたが、競争相手の製品も負けず劣らずだった。しかしＯ・Ｍ・スコットは、一定量の肥料や殺虫剤を均等に散布するための器具としてスプレッダーという簡単な手押し車を開発し、その後の地位を得た。

芝生の肥料や殺虫剤は、すべて徹底した科学的実験に基づいて調合していることが売り物だった。散布する量も気温や土壌の質によって厳密に処方していた。しかしＯ・Ｍ・スコットのスプレッダーが登場するまで、一定量を散布できる器具を消費者に提供したメーカーはなかった。実はそれがないことが、芝生を育てるプロセスの中で消費者を不安にさせるプロセス・ギャップとなっていた。

では、そのようなプロセス・ギャップは、運や勘によって見つけられるものか、それとも体系的、組織的に見つけるべきものか。

ウィリアム・コナーは、手術のプロセスの中で不安になる部分がないかを医師に聞いてまわった。小さな芝生用品のメーカーだったO・M・スコットは、何か困っていることはないかをディーラーや消費者に聞いてまわった。その結果、スプレッダーを開発し、そのスプレッダーを中心として製品ラインを組み、全国的な中堅企業に成長した。

プロセス・ギャップは、なかなか見つけられないような代物ではない。消費者がすでに感じていることである。眼科の手術医は目の中の筋肉組織にメスを入れるとき、常に不安を感じ、そのことを人に話していた。金物屋の店員は芝生の庭をもつ顧客の不安を知っており、そのことを話していた。欠けていたものは、それらの声に耳を傾けることであり、真剣に取り上げることだった。製品やサービスの目的は消費者の満足にある。この当然のことを理解していれば、プロセス・ギャップをイノベーションの機会として利用することは容易であり、しかも効果的だった。

しかしそれでも深刻な限界がある。プロセス・ギャップをイノベーションの機会として利用できるのは、その世界の中にいる者だけだということである。決して外部の者が容易に見つけ、理解し、イノベーションの機会として利用できるものではないのである。

第5章　ニーズを見つける——第三の機会

　予期せぬ成功や失敗、ギャップは、すでに存在するイノベーションの機会である。しかし「必要は発明の母」という。そこで次に、存在していないもの、すなわちイノベーションの母としてのニーズについて検討する。

　イノベーションの母としてのニーズは、限定されたニーズである。漠然とした一般的なニーズではない。具体的でなければならない。それは、予期せぬ成功や失敗、ギャップと同じように企業や産業の内部に存在する。その主なものは、①プロセス上のニーズ、②労働力上のニーズ、③知識上のニーズである。

プロセス・ニーズ

　イノベーションの機会としてのプロセス・ニーズの利用は、ほかのイノベーションとは異なり、状況からスタートすることはない。課題からスタートする。状況中心ではなく課題中心である。それは、知的発見によって、すでに存在するプロセスの弱みや欠落を補うためのイノベーションである。そのニーズの存在を知らない者はない。しかし誰も手をつけていない。ひとたびイノベーションを行うや、直ちに受け入れられ、標準として普及していく。

すでに一つの例についてはプロセス・ギャップの項で述べた。

ウィリアム・コナーは、ある酵素を白内障の手術に欠かせない製品に転換した。白内障の手術自体は昔から行われており、数世紀をかけて改善が重ねられていた。他方、その酵素の存在も数十年前から知られていた。そこでコナーは酵素の保存薬を開発するというイノベーションを行った。こうしてひとたびプロセス・ギャップが解決されるや、コナーの酵素を使わない手術など想像できなくなった。

プロセス・ニーズを明確にすることが直ちに問題の解決につながった。しかしこのようなことは、プロセス・ニーズによるイノベーションのすべてとまではいかなくとも、そのほとんどについていえることである。

労働力ニーズ

労働力ニーズもまた、イノベーションの機会となることがきわめて多い。

一九〇九年頃、AT&Tの調査部門が一五年後のアメリカの人口と電話交換手について予測を行った。その予測によれば、電話交換を手作業で行っている限り、一九二五年ないし三〇年には、一七歳から六〇歳までの女性のすべてが電話交換手にならなければならなかった。AT&Tの技術者たちが自動交換機を開発したのは、その二年後だった。

同じように、今日のロボット・ブームも主として労働力ニーズによるものである。ロボットに必要な技術は何年も前から開発されていた。しかし、日米をはじめとする先進国の製造業が少子化の影響を身近に感じるようになるまで、半熟練の組み立て工をロボットに代えるニーズは大きくならなかった。

日本がロボット先進国となったのは技術上の優位によるものではなかった。その設計のほとんどはアメリカからの輸入だった。しかし日本は、アメリカよりも四、五年早く、ドイツよりも一〇年早く、最初の少子化に襲われた。日本においても、アメリカやドイツと同じように労働力の不足が認識されるようになるには一〇年の歳月を要した。だが日本では、その一〇年がアメリカよりも先に始まっていた。

知識ニーズ

イノベーションの機会としてのニーズには、プロセス・ニーズと労働力ニーズが最も一般的である。

しかし、その利用がより困難であり、より大きなリスクを伴うが、非常に重要な意味をもつことが多いニーズとして知識ニーズがある。すなわち、科学者の「純粋研究」に対置される「開発研究」を目的としたニーズである。そこには、明確に理解し明確に感じることのできる知識が欠落している。その知識ニーズを満たすには知的な発見が必要となる。

写真ほど直ちに成功したイノベーションはあまりない。写真は、発明後二〇年で世界中に普及した。有名な写真家も大勢現れた。マシュー・ブレディの南北戦争の写真は今日でも抜きんでている。一八六〇年頃にはあらゆる花嫁が写真を撮ってもらっていた。日本に最初に入った西洋の技術も写真だった。それは、明治維新のはるか前、まだ日本が外国人や外国の事物に固く門戸を閉ざしていた頃だった。

写真が素人の趣味となったのは一八七〇年前後である。当時の写真技術は、素人にとっては厄介な代物だった。重く壊れやすいガラス板を使っているために慎重に扱わなければならなかった。カメラ自体も重く、撮影前の準備も大変だった。誰もがそのことを知っていた。事実、当時の写真専門誌には、写真撮影に伴うもろもろの問題や解決策が取り上げられていた。だが一八七〇年当時の科学や技術では解決できなかった。

ところが一八八〇年代の半ば、ついに新しい知識が得られ、イーストマン・コダックの創立者ジョージ・イーストマンがそれらの知識を利用した。彼はガラス板を、重さなどないに等しく、手荒な取り扱いにも耐えるセルロイドに代えた。カメラ自体も軽量化した。一〇年後には、イーストマン・コダックは世界の写真業界でトップの地位を得、今日でもその地位を保っている。

プロセス・ニーズを満たすうえでも、この開発研究が必要となることは多い。ここでもまずニーズを知り、何が必要であるかを明らかにしなければならない。そうして初めて必要な新しい知識を生み出すことができる。

プロセス・ニーズに基づいて開発研究を行った典型的な人物がエジソンである。電力産業が産業として成立するであろうことは、電球発明の二〇年以上も前から知らない者はなかった。特にその最後の五、六年というものは、欠けているものが何であるかさえ明らかになっていた。それが電球だった。電球がなければ電力産業は成立しなかった。

エジソンは、電力産業を単なる可能性から現実のものとするうえで必要な知識を明確にし、開発研究に取り組み、二年後実用電球を開発した。

今日、可能性を現実のものとするための開発研究は、企業研究所はもちろん、国防、農業、医療、環境保護のための研究所において行われている。

開発研究というと大規模に聞こえるかもしれない。多くの人たちにとって、それは月へ人を送ることや小児麻痺のワクチンを発見することを意味する。しかし成功を収めているものの多くは、目標が明確な小さなプロジェクトである。開発研究は的を小さく絞るほどよい結果が出る。

その最もよい例、おそらくプロセス・ニーズに基づくイノベーションのうち最も成功したものが、日本の自動車事故を三分の一に減らした視線誘導標の開発だった。

一九六五年以降、日本では車の普及に合わせて道路の舗装が急速に推進された。車はスピードを出せるようになった。しかし日本の道路は、基本的には一〇世紀のままだった。二台の車がすれ違うのがやっとなほど道幅が狭く、死角のあるカーブも多く、数キロごとにいろいろな角度で交差していた。そのため特に夜間は自動車事故が増えた。

マスコミや野党は対策を要求したが、道路をつくり直すわけにはいかなかった。それには二〇年かかる。安全運転を呼びかける大がかりな広報キャンペーンも、ほかのあらゆる種類のキャンペーンと同じようにほとんど効果はなかった。この危機的な状況をイノベーションの機会としてとらえたのが、岩佐多聞という若者だった。彼は、ビーズ状のガラス球があらゆる方向からの光を反射する視線誘導標をつくった。こうして日本の自動車事故は大幅に減った。

五つの前提と三つの条件

前記の例、特に岩佐多聞の成功は、ニーズに基づくイノベーション、特にプロセス・ニーズによるイノベーションが成功するには五つの前提があることを教えている。

①完結したプロセスについてのものであること、②欠落した部分や欠陥が一か所だけあること、③目的が明確であること、④目的達成に必要なものが明確であること、⑤「もっとよい方法があるはず」との認識が浸透していること、つまり受け入れ態勢が整っていることである。

しかも、ニーズに基づくイノベーションには三つの条件がある。

第一に、何がニーズであるかが明確に理解されていることである。ニーズがあると何となく感じられるだけでは不十分である。それだけでは目標達成のために何が必要なのかを明らかにしようがない。

例えば、数学教育に問題があることは何百年も前から知られている。数学が簡単にわかる生徒は少ない。おそらく五人に一人もいない。残りは一生数学がわからないままである。

確かに集中的に繰り返し勉強させれば、試験で合格点をとれるようにすることはできる。日本では、特に数学に力を入れることによって合格点をとれるようにしている。だからといって、日本の子供たちが特に数学がわかっているわけではない。試験のために勉強しても、そのあとは忘れてしまう。一〇年経って二〇代も後半になれば、欧米人と同じように合格点はとれなくなる。

もちろん、いつの時代にも才能のない生徒さえ数学をわかるようにする天才的な教師がいる。しかし誰もまねることはできない。教え方についてのニーズは感じられている。だが理解はされていない。数学を教えるうえで必要とされるのは、天賦の才か方法論か、あるいは心理や情緒がからむのかを誰も知らない。そして、まさにニーズが理解されていないために解決策も見つかっていない。

第二に、イノベーションに必要な知識が手に入ることである。

製紙業界には、現在よりも無駄が少ない経済的なプロセスという明確なニーズが昔から知られていた。すでに一世紀にわたって、多くの優秀な人材がこの問題に取り組んできた。ニーズが何であるかは明確に理解されている。リグニン分子のポリマー化である。これは容易なはずであって、すでにほかの分野では行われている。しかし十分な経験をもつ優れた人たちが、一世紀に及ぶ絶え間ない努力をしてきたにもかかわらず、そのための知識は得られていない。相変わらず、何か別の方法を試してみようといっているだけである。

第三に、問題の解決策がそれを使う者の仕事の方法や価値観に一致していることである。技術があまりに難しいため、素人では写真を撮れなかった。簡単にある程度の出来ばえの写真が撮れるようになることが望まれていた。

同じように、眼科の手術医は出血のないプロセスに強い関心をもっていた。したがって、これを可能にしてくれる酵素は彼らの期待に一致していた。

ところが明確なニーズに基づくイノベーションでありながら、当事者の仕事のやり方に合わないためになかなか受け入れられない例が実際にある。

すでにかなり前から、弁護士、会計士、技師、医師などの専門家が必要とする情報の量は、それを見つける能力の向上を上回って増大している。彼らは、専門図書館やハンドブック、あるいは情報サービスで情報を探すのに時間をとられるとこぼしている。当然優れたデータバンクが成功するはずだった。コンピュータのプログラムとディスプレイが、弁護士には判例、会計士には税制、医師には医薬品や毒物の情報を直ちに与えることができた。

ところが今日、それらのデータバンクは収支に見合うだけの加入者を得るのに苦労している。例えば、弁護士向けの判例検索サービスであるレキシスさえ、必要な数の加入者を集めるのに一〇年以上の年月と膨大な費用を要した。

その理由は、おそらくデータバンクが問題をあまりに簡単に解決してしまうことにあった。専門家というものは記憶力、すなわち必要な情報を記憶し、あるいはその情報の所在地を記憶する力を大切にする。

いまだに弁護士を志す若者は、「必要な判例は覚えるように。少なくともどこにあるかは覚えるように」といわれる。したがってデータバンクは、いかに仕事に役立ち、時間と費用を削減してくれたとしても、彼ら専門家たちの価値観に反する。ある有名な外科医は、自らの行った診断をチェックし、治療に必要な情報を与えてくれるサービスをなぜ使わないのかと聞かれて、「簡単に探せるなら、私がいらなくなってしまう」と答えたという。

ニーズによるイノベーションの機会は体系的に探すことができる。エジソンが電気に関して行ったことがそれだった。ウィリアム・コナーが行ったこともそれだった。ニーズに基づくイノベーションはまさに体系的な探究と分析に適した分野である。

しかし、ひとたびニーズを発見したならば、まず先に述べた五つの前提に照らしてみることが必要である。しかる後に三つの条件に合致しているかどうかを調べることが不可欠である。すなわちニーズは明確に理解されているか、必要な知識は現在の科学技術で手に入れられるか、そして得られた解決策は、それを使うはずの人たちの使い方や価値観と一致しているかである。

第6章 産業構造の変化を知る――第四の機会

産業構造の不安定性

産業や市場の構造は永続的であって、きわめて安定的に見える。

産業や市場の構造は非常に堅固に見えるため、内部の人間は、そのような状態こそ秩序であり、自然であり、永久に続くものと考える。しかし現実には、産業や市場の構造は脆弱である。小さな力によって簡単に、しかも瞬時に解体する。

そのとき、その産業に属するあらゆる者が直ちに行動を起こさなければならなくなる。昨日までと同じ仕事のやり方をしていたのでは惨事を避けられない。つぶれる。少なくともトップの地位を失う。その地位はほとんど取り戻せない。

産業と市場の構造変化はイノベーションの機会である。それは業界に関わるすべての者に企業家精神を要求する。あらゆる者が「わが社の事業は何か」を問わなければならなくなる。新しい答えを出さなければならなくなる。

構造変化は、その産業の外部にいる者に例外的ともいうべき機会を与える。ところが、産業の内部にいる者には同じ変化が脅威と映る。したがって、イノベーションを行う外部の者は、さしたるリスクを冒すことなく、急速に大きな勢力を得ることができる。ここにいくつかの例がある。

一九五〇年代、ウォールストリートの証券会社で働いていた三人の若者が知り合った。彼らは、大恐慌以来二〇年間無風状態だった証券業界が大きな変化の時代に入ろうとしていること、またその変化が、資金もコネもない者に機会を与えているということで一致した。彼らは、ＤＬＪ（ドナルドソン・ラフキン＆ジェンレット）という証券会社を設立した。五年後の一九五九年、同社はウォールストリートで主要な地位を占めるまでに成長した。

彼らは、証券業界にとっての新しい顧客、すなわち年金基金の運用責任者という新しいタイプの顧客が急速に大きな存在になっていることを知った。しかもその新しい顧客は、さして難しいことを求めているわけではなかった。単に新しいことを一つ求めているだけだった。既存の証券会社はそれらのサービスを提供していなかった。こうしてＤＬＪは、新しく登場してきた新しい顧客に的を絞り、「調査サービス」を行う証券会社となった。

同じ頃、証券業界にいたもう一人の若者が、証券業界に構造変化が起ころうとしており、その変化が新しい証券会社をつくる機会になりうることを理解した。この若者が発見したイノベーションの機会は、「賢明な投資家」だった。彼はその機会をとらえて大きな事業、しかも今日さらに成長しつつある事業を築いた。

医療の世界でも、一九六〇年代の初めか半ば頃に構造変化が起こり始めた。中西部のある大病院の管理部門で働いていた三人の若者、しかも全員二〇代の若者が、この構造変化がイノベーションの機会を提供していると判断した。彼らは、病院の厨房、洗濯、建物管理など庶務的な仕事には専門能力が必要になるという点で意見が一致した。そこで彼らは、それらの仕事を組織的に行う会社をつくった。各地の病院に対し自社の訓練した要員を派遣し、その費用はコストの削減額の一部で賄うという契約を示した。二〇年後の今日、この企業は一〇億ドル規模に発展している。

ここに挙げた例には、一つだけ共通点がある。それは、イノベーションを行った者が、もともと機会の存在を知っていたということである。しかも彼らは、最小のリスクのもとに成功することを確信していた。それでは、なぜ彼らはそのような確信をもつことができたのだろうか。

産業構造の変化が起こるとき

イノベーションの機会としての産業構造の変化は、次のようなとき、ほぼ確実に起こる。

①最も信頼でき、最も識別しやすい前兆は急速な成長である。この前兆はあらゆるケースに共通して見ることができる。ある産業が経済成長や人口増加を上回る速さで成長するとき、遅くとも規模が二倍になる前に、構造そのものがほぼ間違いなく劇的に変化する。それまでの仕事の仕方でも、ある程度成功を続けることはできる。そのため誰もそれを変えようとしない。しかし、仕事の仕方は確実に陳腐化し始める。

②産業の規模が二倍に成長する頃とほぼときを同じくして、それまでの市場のとらえ方や市場への

対応の仕方では不適切になってくる。それまで業界トップの地位にあった企業の市場のとらえ方が現実を反映せず、歴史を反映しただけのものになってくる。しかるに報告や数字は、古くなった市場観に従ったままである。

ＤＬＪや、「賢明な投資家」を顧客とする中西部の証券会社が成功した要因もここにあった。彼らは、既存の証券会社には見えなかった市場、したがって適切に対応することができなかった市場、すなわち既存の証券会社にとって新しい存在だった年金基金や、ウォールストリート的な投資家とは異なる「賢明な投資家」を見つけた。

急激な成長のあとではすべてが変化するという典型が病院だった。第二次世界大戦後、病院では医師以外の医療従事者として、Ｘ線技師、検査技師、理学療法士などが急速に増加した。いずれも第二次世界大戦前にはほとんど存在していなかった。病院経営さえ経営管理者によって行われるようになった。こうして管理業務が病院経営上大きな問題となった。さらには病院の従業員、特に賃金の低い従業員が労働組合によって組織化されるに伴い、費用のかかる厄介な問題となった。

急激な成長に出合った企業は、それだけで満足し安易に利益を得ようとする。だがそのような対応は、つまるところ競争相手の登場をもたらすだけである。

③いくつかの技術が合体したときも産業構造の急激な変化が起こる。その一つの例がＰＢＸ（構内交換機）、すなわち大口の電話利用者が社内に設置する交換機である。

基本的には、ＰＢＸに関わる技術のすべては、ＡＴ＆Ｔの研究機関であるベル研究所によって開発された。だがその恩恵を受けたのはＲＯＬＭのような新規参入者である。新しく生まれたＰＢＸでは、二つの技術すなわち電話の技術とコンピュータの技術が合体していた。それは、コンピュータを使う通信機器としても、通信用に使うコンピュータとしても見ることができた。

技術的には、ＡＴ＆Ｔこそこの新製品を扱うことができたはずだった。もともとＡＴ＆Ｔが先駆者だった。しかしＡＴ＆Ｔは、コンピュータの市場や顧客を自分たちには無縁の異質な存在と見ていた。そのためせっかくＰＢＸの設計と導入を手がけながら販売に力を入れなかった。

その結果、戦闘機用小型コンピュータのメーカーとして、四人の若手技術者によって創設され、偶然通信産業に迷い込んできたＲＯＬＭのようなまったくの新規参入者が、ＰＢＸ分野でＡＴ＆Ｔの競争相手となった。今日ＡＴ＆Ｔはその技術的な優位にもかかわらず、三分の一のシェアをもつにすぎない。

④仕事の仕方が急速に変わるときにも、産業構造の変化が起こる。

かつてアメリカでは、圧倒的に多くの医師が自ら医院を開業していた。しかし一九八〇年には、その割合が六〇％に落ちた。

早くも一九七〇年頃、この傾向に気づいた何人かの人たちがそこにイノベーションの機会があるはずだと考えた。こうして共同で働く医師のための事務所の設計、マネジメント、さらには経営管理者の訓練を行う会社が設立された。

産業構造の変化を利用するイノベーションは、その産業が一つあるいは少数の生産者や供給者によって支配されているとき、効果が大きい。長い間成功を収め、挑戦を受けたことがない支配的な地位の生産者や供給者は傲慢になりがちである。新規参入者が現れても、とるに足らぬ素人と見る。そのくせ、その新規参入者のシェアが増大を続けても、対策を講じることができない。

タイレノールやダトリールなど、いわゆる「非ピリン系アスピリン」が現れたときのアメリカのアスピリン・メーカーの対応も緩慢だった。ここでもイノベーションを行った者たちは、市場の急激な成長によって産業構造の変化が起ころうとしていることを知り、そこにイノベーションの機会を見出していた。

当時アスピリンをつくっていた大製薬会社が、「非ピリン系アスピリン」を開発できない理由はなかった。すでにアスピリンの限界と危険は周知のことだった。それを指摘する文献もたくさん出ていた。にもかかわらず、五年から八年もの間、新規参入者は市場を独占することができた。

アメリカの郵便も、新規参入者に利益の大きな分野を奪われることに対し、長い間抵抗できなかった。初めにＵＰＳ（ユナイテッド・パーセル・サービス）が利益の大きな小包に進出し、次いでエミリ・エアフライトとＦｅｄＥｘ（フェデラル・エクスプレス）がさらに利益の大きな速達や書留に進出した。郵便の地位を危うくしたものは市場の急激な成長だった。成長市場の軽視が外部からのイノベーションを招き入れた。

産業構造の変化が起こっているとき、リーダー的な生産者や供給者は必ずといってよいほど市場の中でも成長しつつある分野のほうを軽く見る。急速に陳腐化し、機能しなくなりつつある仕事の仕方にしがみつく。だが、それまで通用していた市場へのアプローチや組織や見方が正しいものでありつづけることはほとんどない。

したがって、イノベーションを起こした者は放っておかれる。昔からの企業は、古い市場において古い方法で一応の満足すべき成果をあげている。それらの企業は外部からの新しい挑戦に注意を払わない。大目に見るか、まったく無視する。

第7章　人口構造の変化に着目する——第五の機会

予期せぬ成功や失敗、ギャップの存在、ニーズの存在、産業構造の変化などのイノベーションの機会は、企業や産業、あるいは市場の内部に表れる。もちろん、経済、社会、知識など、産業や市場の外部における変化が原因となることもある。しかし、それらのイノベーションの機会が表れるのはあくまでも産業や市場の内部においてである。

これに対し、産業や市場の外部に表れるイノベーションの機会がある。人口構造の変化、認識の変化、新しい知識の出現である。これらの変化は、社会的、形而上的、政治的、知的な世界における変化である。

人口構造の変化

産業や市場の外部における変化のうち、人口の増減、年齢構成、雇用、教育水準、所得など人口構造の変化ほど明白なものはない。いずれも見誤りようがない。それらの変化がもたらすものは、予測が容易である。しかもリードタイムまで明らかである。

二〇年後の労働力はすでに生まれている。四五年後に退職年齢に達する人たちはすべて、現在すでに労働力となっている。しかも多くの場合、現在と同じ職種で働いているはずである。さらに、現在二〇代の前半から半ばの人たちが働く今後四〇年間の職種も、これまで彼らが受けた教育によってほぼ規定されている。

人口構造の変化は、いかなる製品が、誰によって、どれだけ購入されるかに対し大きな影響を与える。アメリカの一〇代の女性は安い靴をたくさん買う。基準となるのは、耐久性ではなくファッション性である。この同じ女性が一〇年後にはあまり靴を買わなくなる。一七歳頃の二割程度に減る。ファッション性は重要ではなくなり、履き心地や耐久性が基準になる。

先進国では、六〇代、七〇代の退職後間もない人たちが、旅行や保養の市場において中心的な世代となる。ところが一〇年後には、この同じ人たちが高齢者コミュニティの客となる。

共働き夫婦には金はあるが時間がない。彼らはそのような人間として消費する。また、若いときに高等教育、特に高度の技術教育を受けた人たちは、卒業の一〇年後二〇年後には、高度の再教育コースの受講者となる。

欧米や日本などの先進国はオートメ化せざるをえない。少子化と教育水準の向上という人口構造の変化だけを見ても、先進国の製造業における伝統的なブルーカラーの雇用が減少することはほぼ間違いない。

これら人口構造の変化は驚くべき速さで起こるだけではない。しばしば不可思議であって、説明がつかない。人口構造の変化そのものは予測が不可能なのかもしれない。しかし、すでに起こった人口構造の変化が現実の社会に影響をもたらすにはリードタイムがある。予測が可能なリードタイムがある。

新しく生まれた赤ん坊が幼稚園児となり、幼稚園の教室や先生を必要とするようになるには五年を要する。彼らが消費者として意味をもつ存在になるには一五年、成人の労働力となるには一九年から二〇年以上を要する。

このような人口構造の変化が、企業家にとって実りあるイノベーションの機会となるのは、ひとえに既存の企業や公的機関の多くが、それを無視してくれるからである。彼らが、人口構造の変化は起こらないもの、あるいは急速には起こらないものであるとの仮定にしがみついているからである。まったくのところ、彼らは人口構造の変化を示す明らかな証拠さえ認めようとしない。ここにいくつかのかなり典型的な例がある。

一九七〇年当時、アメリカでは、学校の生徒数が少なくとも今後一〇年から一五年は六〇年代の二五％から三〇％減になることが明らかになっていた。つまるところ、一九七〇年に幼稚園児になる子供は一九六五年以前に生まれていなければならず、しかも少子化傾向が急に変わる様子もなかった。

ところがアメリカの大学の教育学部は、この事実を受け入れようとしなかった。子供の数が年を追うに従って増加することは自然の法則であるとでも考えているかのようだった。そうして彼らは、教育学部の学生の募集に力を入れ、その結果わずか数年後には卒業生の就職難を招き、教師の賃上げに対する抑制圧力を生み出し、挙げ句の果てに教育学部の廃止を余儀なくさせた。

私自身二つの経験をしている。一九五七年、私は一九七〇年代の半ばすなわち二〇年後には、アメリカの大学生は一〇〇〇万人ないしは一二〇〇万人になると予測した。この数字は、すでに発生していた二つの人口の変化を単純に足し算した結果だった。出生率の増加と大学進学率の増加だった。この予測は当たった。しかし当時、アメリカの大学当局のほとんどすべてがこの予測を一笑に付した。

その一九年後の一九七六年、私は人口の年齢構成を見て、アメリカでは今後一〇年以内に退職年齢が七〇歳まで延長されるかあるいは撤廃されると予測した。実際の変化は私の予測より早く起こった。翌一九七七年、カリフォルニア州で定年が禁止となり、一年後の一九七八年には全国的に七〇歳前の定年はすべて禁止された。この私の予測を可能にした人口統計は公表されているものだった。

ところが、政府のエコノミスト、労働組合のエコノミスト、経済界のエコノミスト、そして、統計学者のほとんど全員が、私の予測を唐突なものとして片づけた。「そんなことは起こらない」が一致した反応だった。それどころか、当時の労組は定年を六〇歳以下に引き下げることを要求していた。

専門家たちが、自分たちが自明としていることに合致しない人口構造の変化を認めようとせず、あるいは認めることができないという事実は、企業家に対しイノベーションの機会をもたらす。しかもリードタイムは明らかである。すでに変化は起こっている。

誰もそれを機会とするどころか、単なる事実としてさえ受け入れようとしない。したがって、通念を捨てて現実を受け入れる者、さらには新しい現実を自ら進んで探そうとする者は、長期にわたり競争にわずらわされることなく事業を行うことができる。

なぜならば、通常、競争相手が人口構造の変化を受け入れるのは、その次の変化と現実がやってきた頃だからである。

人口構造の変化はイノベーションの機会

ここに、人口構造の変化をイノベーションの機会としてとらえることに成功した例がある。

ベビーブームという現実を受け入れた小売業者の一つが、かつては無名に近かった小さな靴のチェーン店メルビルだった。ベビーブーマー世代の第一陣がティーンエージャーになる直前の一九六〇年代の初め、メルビルはこの新しい市場に力を入れることにした。一〇代を対象にする新しい店をたくさんつくった。デザインも大幅に変えた。広告や販売促進も、一六、七歳のティーンエージャーを対象にした。さらに男の子や女の子の着るものにまで進出していった。こうしてメルビルはアメリカで最も急速に成長し、最も利益をあげる小売りチェーンとなった。

その一〇年後、すなわちアメリカの人口の重心が一〇代から離れ、二〇歳から二五歳の若い大人に移り始めた頃になって、ほかの小売店が一〇代に目をつけ、彼らを相手にする商売を始めた。しかしその頃には、メルビルはいち早くこの若い大人に的を移していた。

一九六一年、進歩のための同盟について助言を求めるべくケネディ大統領が招集した学者たちは、ラテンアメリカにおける都市化の波を予測できなかった。

しかしアメリカのある企業、すなわち大店舗小売業のシアーズ・ローバックは、すでにその数年前に、統計によってではなく、現地へ赴き、メキシコシティ、リマ、サンパウロ、ボゴタなどの街を観察することによってこの変化に気づいた。その結果、同社は一九五〇年代の半ば、決して金持ちではないが、立派な中流階級になっていた新しい都市住民のためのアメリカ流百貨店をラテンアメリカの主要都市に建設していった。数年後には、ラテンアメリカの小売業界において主導的な地位を占めるにいたった。

人口構造の変化をイノベーションの機会としてとらえ、生産性の高い優れた労働力を手に入れることに成功した例もある。

ニューヨークのシティバンクの成長は、主として意欲に燃える若い女性の社会進出をいち早く認識したことによるものだった。一九八〇年にいたってなお、アメリカの大企業のほとんどはそうした女性の存在を問題としてとらえていた。今日でもそのような企業はかなり多い。

しかし大企業のうちシティバンクだけは、彼女たちの出現こそイノベーションの機会であると見た。七〇年代を通じて、積極的に女性を採用し、訓練し、貸付担当者として各地の支店へ配置した。シティバンクが主導的な地位の銀行、しかもアメリカで初めての全国銀行となるには、それら意欲ある若い女性の業績が大きくものをいった。

同じ頃、(あまりイノベーションやベンチャーには関係のなさそうな)貯蓄貸付組合が、子育てのために退職し労働力人口から脱落した既婚女性が、パートタイムの正社員として強力な戦力になりうることを発見した。パートタイムは臨時社員というのが常識だった。しかも、一度労働力市場から離れた女性は職場に戻ってこないことが常識だった。いずれもかつては当たり前のことだった。

しかし人口構造の変化が常識を陳腐化させた。それらの貯蓄貸付組合、特にカリフォルニアの貯蓄貸付組合は、統計によってではなく、外に出かけて観察することによってこの現実を受け入れ、類のない愛社精神をもつ有能な労働力を手に入れた。

人口構造の変化の分析

もちろん、人口構造の変化の分析は人口に関わる数字から始まる。ただし人口の総数そのものにはあまり意味はない。年齢構成のほうが重要である。

この人口の年齢構成に関して、特に重要な意味をもち、かつ確実に予測できる変化が最大の年齢集団の変化、すなわち人口の重心の移動である。

六〇年代の若者の反乱も、昔から若者の典型的な行動形態とされていたものに脚光が当てられた結果、浮かび上がったものにすぎない。それ以前の、人口の重心が二〇代終わりから三〇代初めという超保守的な年代にあった頃には、若者の行動は「いつの時代も若者は若者だ」との言葉で片づけられていた。六〇年代はその若者たちの行動が、人口の重心が移動したために時代の空気となったにすぎなかった。

人口の重心の移動に伴い、時代の空気が変化する。一〇代は、相変わらず一〇代のように行動する。しかしその行動は、もはや社会の空気や価値観とは関係のない単なる一〇代の行動となる。かくして一九七〇年代の半ばには、やがて大学のキャンパスが運動や反体制とは無縁の存在となり、学生が再び成績や就職先に気をとられること、さらにはあの一九六八年卒の運動家たちでさえその圧倒的多数がキャリア、昇進、節税、ストックオプションを考える上昇志向の知識労働者になるであろうことは、ほぼ確実に予測できることとなっていた。事実そのように予測した者もいた。

教育水準による人口区分も重要な意味をもつ。百科事典の販売、専門職再訓練コース、休暇旅行のマーケティングなど、事業によっては特に大きな意味をもつ。

人口構造の変化については、就業者と失業者の別もあれば職業別の区分もある。所得階層、特に可処分所得による区分もある。共働き夫婦の貯蓄性向はどのようなものになるのか。必要なことは問いを発することである。統計を読むだけでは十分でない。統計は出発点にすぎない。

メルビルは統計から出発して、ティーンエージャーの爆発的な増加がファッション製品の小売りにとっていかなる機会を意味するかを自問した。シアーズ・ローバックは統計から出発して、潜在的市場としてのラテンアメリカに目を向けた。

シアーズ・ローバックのラテンアメリカ進出はそのようにして決定された。一九五〇年代の初め、会長のロバート・E・ウッドは、一九七五年までにメキシコシティやサンパウロがアメリカのどの都市よりも大きくなるという記事を読んだ。

興味を引かれた彼は自らラテンアメリカに行った。メキシコシティ、グワダラハラ、ボゴタ、リマ、サンチアゴ、リオデジャネイロ、サンパウロなどの各都市で一週間を過ごし、街を歩き、店をのぞいた。街の交通まで調べた。こうして、いかなる層を客とし、いかなる場所に立地し、いかなる店をつくり、いかなる商品を用意すべきかを知った。

また、メルビルをさえない靴屋のチェーンから、アメリカで最も成長性の高い人気ファッション・チェーンに変えた二人の若者は、何か月もの間ショッピング・センターに通い、見て、聞いた。買い物客たちにとっての価値を探った。若者たちの買い物の仕方や店の好みを調べた。そして若者たちに、実際に買った品物のどこに価値を認めたのかを聞いた。

現場に行き、見て、聞く者にとって、人口構造の変化は信頼性と生産性の高いイノベーションの機会となる。

第8章　認識の変化をとらえる——第六の機会

半分空である

コップに「半分入っている」と「半分空である」は、量的には同じである。だが、意味はまったく違う。とるべき行動も違う。世の中の認識が「半分入っている」から「半分空である」に変わるとき、イノベーションの機会が生まれる。

ここに経済、政治、教育における認識の変化と、それらの変化がもたらしたイノベーションの機会についてのいくつかの例がある。

一九六〇年代の初めから今日までの二〇年間に、アメリカ人の健康度が未曾有の増進を見せたことはあらゆる事実が示している。新生児の生存率や高齢者の平均余命、あるいは癌（肺癌を除く）の発症率やその治癒率など、肉体の健康と機能に関わる指標は大きく改善されている。ところが今日、アメリカ人は健康ノイローゼにかかっている。いまだかつて健康に対する関心とおそれが、これほど高まったことはない。突然、何もかもが、癌、心臓病、認知症の原因に見え始めた。明らかにコップは「半分空である」。今日われわれが目にしているのは、肉体の健康と機能の大いなる増進ではなく、不老不死からはいまだに遠く離れたままの状況である。

まったくのところ、この二〇年間においてアメリカ人の健康に関して悪化したものがあるとすれば、それはまさに健康と体形に対する関心の異常な増大であり、加齢、肥満、慢性病、老化への恐怖である。わずか二五年前には、ごく小さな医療の進歩が大いなる前進とされた。ところが現在では、きわめて大きな進歩でさえ、さして驚かれない。原因が何であれ、この認識の変化はイノベーションをもたらす大きな機会となる。

例えば、それは健康雑誌を生み出した。その一つである『アメリカン・ヘルス』は創刊二年足らずで一〇〇万部に達した。

また、食品が健康を損なうかもしれないというおそれをイノベーションの機会として利用することによって、多くの新しい事業が生まれた。コロラド州ボールダーのセレスティアル・シーズニングスは、一九六〇年代末にヒッピーが始めたハーブの街頭販売からスタートした。一五年後、年間売上数百万ドルに達した同社は、ある大手食品メーカーに二〇〇〇万ドルを超える金額で買収された。

今日では健康食品チェーンも生まれ高収益を誇っている。ジョギング用品も大きな産業になった。一九八三年、アメリカで最も急成長した企業はある屋内運動器具メーカーだった。

かつて、食事の仕方は所得階層によって決まっていた。一般人は簡単な夕食をとり、金持ちは晩餐を楽しんだ。これが変化した。今日では同じ人間が夕食をとり晩餐も楽しむ。

その結果の一つが、簡単に栄養をとるだけの食事、すなわちファストフード、簡易食品、マクドナルド、ケンタッキー・フライドチキンの出現だった。

もう一つがグルメ食品の流行だった。テレビのグルメ番組が人気となり高い視聴率を得ている。料理本が一般書としてベストセラーになり、グルメ食品のチェーン店が生まれている。売上げの九〇％が食材だったスーパーマーケットがグルメコーナーを設け利益をあげている。この変化はアメリカだけのものではない。

私の友人であるドイツ人の若い外科の女医さんは、「週に六日は簡単な夕食でよいが、一回は晩餐をしたい」といっている。しかし、一般人は毎日質素な夕食ですませ、金持ちの上流階級は毎日豪華な晩餐をとっていたのは、ついこの間のことである。

女性、中流階級意識

アメリカの女性運動家は今日、一九三〇年代と四〇年代を、女性の社会的役割を認めなかった最悪の暗黒時代として位置づけている。しかし事実に照らしてみるならば、これほど間違った見方はない。

一九三〇年代と四〇年代こそ、まさに存在感のある女性の花形たちが活躍した時代だった。

アメリカの良心、アメリカの道義の代弁者として、アメリカ史上いかなる男性をも超えた大統領夫人エレノア・ローズヴェルトがいた。その友人フランセス・パーキンスは初の女性閣僚として労働長官となり、ローズヴェルト政権の最も有能かつ強力な閣僚となった。アンナ・ローゼンバーグは、アメリカ最大の小売店Ｒ・Ｈ・メイシーの人事担当副社長としてアメリカの大企業初の女性役員となった。朝鮮戦争のときには、兵員担当の国防次官補として将軍たちの上司をつとめた。

大学の学長にも全米に知られた大勢の有力な女性がいた。一流の作家、クレア・ブース・ルースやリリアン・ヘルマンがいた。特にクレアは政治家としても名をあげ、コネチカット州選出の下院議員、後に駐イタリア大使をつとめた。

この時代、医学上最も大きな業績を残したのも女性だった。ヘレン・タウシッグはチアノーゼの幼児の手術を行い、史上初の心臓手術に成功した。それはやがて世界中の幼児の命を救うことになる心臓移植やバイパス手術へと続く心臓手術の時代をもたらした。

名のある女性は尽きることがなかった。彼女たちはみな、自らの業績と名声、重要さを自覚する誇り高い人たちだった。しかし彼女たちは自らを「女性の代表」とは考えなかった。自らを女性と考えるよりも、人間として考えていた。女性の代表ではなく、むしろ例外として考えていた。どのように変化が起こり、それがなぜであったかを説明するのは、後世の歴史家に任せなければならない。しかし一九七〇年以降、社会で活躍する女性はもはや特別視される存在ではなくなった。今日では、むしろ職業をもたない女性のほうが特殊であって例外とされる。

いくつかの企業、特にシティバンクがこの変化をイノベーションの機会としてとらえた。しかし、すでに女性が専門職や経営管理者として認められていた百貨店、広告代理店、雑誌社、出版社は、変化に気づかなかった。今日それらの企業では、三〇年前や四〇年前よりも女性の専門職や経営管理者が減っているくらいである。

これに対し、シティバンクは極端な男性社会だった。変化を認識できたのもそのためだったかもしれない。シティバンクはこの女性の意識の変化を機会としてとらえ、とりわけ野心的な有能な女性を多数雇い入れて活躍させることに成功した。しかもシティバンクは他の企業と競争することなしに彼女たちを雇うことができた。


このように、認識の変化をイノベーションの機会としてとらえる者もまた、長期にわたって独占的に行動することができる。

一九五〇年代の初めというかなり昔にも、認識の変化を利用したイノベーションの例がある。五〇年頃、アメリカ人の圧倒的多数が、所得や職業の如何にかかわらず自らを中流階級として考えるようになった。アメリカ人が自らの社会的地位についての認識を変えたことは明らかだった。


この中流階級への意識変化は何を意味したか。ある広告代理店の役員ウィリアム・ベントンは中流階級とは何を意味するかを考えた。答えは明快だった。中流階級とは、労働者階級とは異なり、自分の子供が学校の成績次第で出世していけると信じる人たちのことだった。

そこでベントンは、倒産寸前だったエンサイクロペディア・ブリタニカを買い取った。そして、主として高校の先生を通じ、一家の中から初めて子供を高校へ行かせるようになった親たちに百科事典を売り込んだ。「中流のご家庭のお子さんの勉強にはブリタニカの百科事典が必要です」といわせた。彼はブリタニカを三年で立ち直らせ、一〇年後には日本でも同じ売り方で成功した。

認識の変化が起こっても実体は変化しない。意味が変化する。「半分入っている」から「半分空である」に変化する。自らを労働者階級として一生身分が変わらないとする見方から、中流階級として社会的地位や経済的機会を自ら変えることのできる身分にあるとする見方へと変化する。そのような認識の変化は速い。アメリカ人の過半が、自らを労働者階級ではなく中流階級として考えるようになるには一〇年とかからなかった。経済が変化をもたらすのではない。まったくのところ、経済は関係さえしないかもしれない。

イギリスでは所得の配分はアメリカよりも平等である。しかし、三分の二がいわゆる労働者階級を上回る所得を得、二分の一近くが中流階級の下層を上回る所得を得ているにもかかわらず、イギリス人の七〇％は依然として自らを労働者階級と見ている。

コップに「半分入っている」か「半分空である」かは、実体ではなく認識が決定する。体験が決定する。

イギリス人の過半が自らを労働者階級と見るのは、一九世紀における国教徒用チャーチと非国教徒用チャペルの断層という遺産によるところが大きい。アメリカ人の健康ノイローゼは、健康に関わる指標よりも若さへの信仰などアメリカ人特有の価値観によるところが大きい。

社会学者や経済学者が認識の変化を説明できるか否かは関係ない。認識の変化はすでに事実である。多くの場合、定量化できない。定量化できたとしても、その頃にはイノベーションの機会とするには間に合わない。だがそれは、理解できないものでも、知覚できないものでもない。きわめて具体的である。明らかにし、確かめることができる。そして何よりもイノベーションの機会として利用することができる。

タイミングの問題

経営幹部たちも認識の変化によるイノベーションの可能性を認める。だがややもすれば、それを非現実的なものとして軽視する。彼らは認識の変化を利用してイノベーションを行うことを非現実的とする。しかし、エンサイクロペディア・ブリタニカ、セレスティアル・シーズニングスには非現実的な要素はない。

いかなる分野にせよ、イノベーションに成功する人たちは、そのイノベーションを行う場所に近いところにいる。彼らがほかの人たちと違うのは、イノベーションの機会に敏感なところだけである。

今日、最も売れているグルメ専門誌の一つは、航空機の機内誌の食べ物欄を担当していた若者が創刊したものである。

彼はある日、新聞の日曜版で三つの矛盾する記事を読み、認識の変化を知った。一つは、冷凍食品やケンタッキー・フライドチキンなど調理ずみ食品が食品消費量の二分の一を超え、数年後には四分の三に達するという記事、もう一つはテレビのグルメ番組の視聴率が高くなっているという記事、三つ目がグルメ料理の本の普及版がベストセラーになったという記事だった。これらの明らかに矛盾する記事から、彼は「何が起こっているか」を考えた。そして一年後、グルメ専門誌を創刊した。

シティバンクは、採用担当者から、金融とマーケティングで成績のよい男子学生を採用せよという指示に応えられないという報告を受けたとき、女性の社会進出が大きな機会をもたらしていることに気づいた。報告によれば、それらの分野で最も成績のよい学生は女性ばかりだった。

銀行を含め、ほかの企業の採用担当者も同じ報告をしていた。しかしマネジメントの反応は、「最高の男子学生を採用すべく、さらに努力せよ」というものだった。シティバンクは、トップマネジメントがこの変化をイノベーションの機会としてとらえた。

これらの例は、認識の変化に基づくイノベーションにはタイミングが決定的に重要であることを示している。

もし、シティバンクが女性のＭＢＡを採用する最初の企業になっていなかったならば、企業でのキャリアを求める優秀で意欲的な若い女性たちにとって、最も人気のある企業にはなれなかったかもしれない。

とはいえ、認識の変化をイノベーションの機会に利用しようとして急ぎすぎることには危険が伴う。そもそも認識の変化と見えるものの多くは一時的な流行にすぎない。一年か二年のうちには消える。しかも、一時的な流行と本当の変化は一見して明らかというものではない。

認識の変化をイノベーションの機会としてとらえるうえで、模倣は役に立たない。自らが最初に手をつけなければならない。ところが認識の変化が、一時的なものか永続的なものかはなかなか見極めがつかない。したがって、認識の変化に基づくイノベーションは、小規模に、かつ具体的に着手しなければならない。

第9章　新しい知識を活用する——第七の機会

知識によるイノベーションのリードタイム

発明発見という新しい知識に基づくイノベーションは、いわば企業家精神のスーパースターである。たちまち有名になる。金にもなる。これが一般にイノベーションといわれているものである。もちろん、新しい知識によるイノベーションのすべてが重要なわけではない。取るに足りないものも多い。

歴史を変えるようなイノベーションのうち、知識によるイノベーションはかなり上位に位置づけられる。しかし、イノベーションのもとになる知識は、必ずしも技術的なものである必要はない。社会的な知識も、それと同じかそれ以上に大きな影響をもたらす。

知識によるイノベーションは、その基本的な性格、すなわち実を結ぶまでのリードタイムの長さ、失敗の確率、不確実性、付随する問題などがほかのイノベーションと大きく異なる。さすがスーパースターらしく、気まぐれであってマネジメントが難しい。

知識によるイノベーションの第一の特徴は、リードタイムが長いことである。新しい知識が出現してから、技術として応用できるようになるには長いリードタイムを必要とする。市場において製品やサービスとするには、さらに長いリードタイムを必要とする。

実用化までのリードタイムが短縮されるのは、外部から危機がやってきたときだけである。

一九〇六年にデ・フォレストが発明した三極管は直ちにラジオを生み出すはずだった。しかしもし第一次世界大戦が起こらず、各国政府、特にアメリカ政府が無線による音声通信の開発を推進しなかったならば、三〇年代になってもラジオは生まれていなかったに違いない。

ペニシリンもまた、第二次世界大戦が起こらなかったならば、一九五〇年代まで開発されなかったに違いない。一九二〇年代の末、アレキサンダー・フレミングが抗生物質のカビ、ペニシリンを発見した。その一〇年後、イギリスの生化学者ハワード・フローリがペニシリンの研究に着手した。ペニシリンの開発を早めたのは第二次世界大戦だった。感染症の特効薬を必要としたイギリス政府がフローリの研究を推進した。彼のもとに臨床試験のための傷病兵が戦場から送り込まれた。

コンピュータもまた、アメリカ政府が第二次世界大戦の勃発によって人員と資金を注ぎ込まなかったならば、一九四七年のベル研究所によるトランジスタの発明まで開発を待たなければならなかったに違いない。

知識に基づくイノベーションに長いリードタイムを要するのは、科学や技術の領域に限らない。それは科学や技術以外の知識によるイノベーションについてもいえる。

ナポレオン戦争の直後、サン・シモンは経済発展のための資本の利用、すなわち企業家を支援するための銀行の設立という考えを発展させた。

それまで銀行は、(王侯の徴税権など)確実なものを担保に金を貸すだけの存在だった。これに対しサン・シモンの銀行は、投資、すなわち富の創出能力を生み出すためのものだった。一八二五年のサン・シモン没後には、彼とその思想を慕う人たちからなる結社さえ生まれた。しかし、彼を信奉するヤコブ・ペレールとアイザック・ペレールの兄弟が企業家の支援を目的とする最初の銀行としてクレディ・モビリエを設立し、今日のいわゆる金融資本主義への道を開いたのは、ようやく一八五二年にいたってのことだった。

同じように、今日われわれがマネジメントと呼ぶものの材料の多くが、第一次世界大戦の直後にはそろっていた。事実、一九二三年にはプラハにおいて、アメリカ大統領就任前のハーバート・フーヴァーと、チェコスロバキア建国の父であり大統領だったトーマシュ・マサリクが、第一回国際マネジメント大会を開催していた。その頃には、アメリカのデュポンやGMをはじめとするいくつかの大企業が、マネジメントの概念に基づいて組織の構造を変え始めていた。

これに続く一〇年間に、世界で最初のコンサルタント会社を創設したイギリスのリンドール・アーウィックをはじめとする何人かの先駆者たちが、マネジメントについて書き始めた。

しかしマネジメントが、世界中の経営管理者にとって学ぶことのできる体系となるには、私が一九四六年に書いた『企業とは何か』(旧訳『会社という概念』)と、五四年に書いた『現代の経営』を待たなければならなかった。それまでは、マネジメントの研究や実践に携わる人たちは、アーウィックが組織論、ほかの人たちが人事管理論というように、それぞれマネジメントの一つの側面に的を絞っていた。マネジメントを集大成し体系化したのは私の著作だった。そしてその数年後、マネジメントは世界中で力を発揮し始めた。

今日われわれは、学習理論についても同じようなリードタイムのさなかにある。学習についての科学的な研究は、一八九〇年頃、ドイツのヴィルヘルム・ヴントとアメリカのウィリアム・ジェイムズによって始められた。そして第二次世界大戦後、ハーバード大学の二人のアメリカ人、B・F・スキナーとジェローム・ブルナーが学習理論の基礎を開発し検証した。スキナーは行動論を、ブルナーは認識論を研究した。

しかし学習理論が現実の学校に対し、いささかなりとも影響を与えるようになったのは最近のことである。おそらく、今日ようやく企業家精神をもつ誰かが、陳腐化した学習理論ではなくこの新しい学習理論に基づいて学校をつくり直すべき時がきたといってよい。

このように、知識が技術となり、市場で受け入れられるようになるには、二五年から三五年を要する。リードタイムの長さは人類の歴史が始まって以来さして変わっていない。今日、科学上の発見はかつてないほど早く、技術、製品、プロセスに転換されるようになったとされている。だが、それは錯覚にすぎない。

一二七〇年頃、イギリス人のフランシスコ会修道士ロジャー・ベーコンは、眼鏡によって視力が矯正できることを明らかにした。だがそれは当時の人たちの最新の知識とは相容れなかった。ちょうど当時の権威ある医学者たちによって、視力の矯正は不可能なことが最終的に証明されたところだった。しかもベーコンは、文化の僻地、北部ヨークシャーにいた。

しかるにその三〇年後、アビニョンの教皇庁では高齢の枢機卿たちが読書用の眼鏡をもつ姿が壁画に描かれた。さらに一〇年後には、カイロのスルタンの宮廷で眼鏡をもつ高齢の廷臣が細密画に描かれた。

紀元一〇〇〇年頃、最初のオートメーションたる水車が、北ヨーロッパのベネディクト派修道士によって穀物をひくためにつくられた。三〇年後、水車がヨーロッパ中に広まった。

西洋では、中国の印刷術を学んでから三〇年後に、グーテンベルクの活字と木版が現れた。

知識がイノベーションとなるまでのリードタイムは、知識そのものの本質に由来するかのようである。なぜかはわからない。

知識の結合

知識に基づくイノベーションの第二の特徴、しかもその際立った特徴は、それが科学や技術以外の知識を含め、いくつかの異なる知識の結合によって行われることである。

今世紀において、知識に基づくイノベーションのうち、植物や家畜の交配ほど人類に大きな恩恵をもたらしたものはない。そのおかげで、わずか五〇年前には想像もできなかった膨大な人口を養うことが可能になった。その最初の成功がハイブリッド・コーンだった。それは、アイオワ州の農業新聞の発行者、後にハーディング、クーリッジ両政権で農務長官をつとめ、予算のばらまき以外のことで記憶されるべき唯一の農務長官となったヘンリー・C・ウォーレスが、二〇年をかけて生み出したものだった。

それは二つの知識によってもたらされた。その一つは、一八八〇年頃ミシガン州の家畜業者ウィリアム・J・ビールが雑種の生長力を発見したことだった。もう一つは、オランダの生物学者ユーゴー・ド・フリースがメンデルの遺伝学を再発見したことだった。二人の間に接触はなかったし、二人の研究は目的も内容も異なっていた。だが、この二人の知識の結合によってハイブリッド・コーンは生まれた。

ライト兄弟の飛行機も二つの知識によってもたらされた。その一つは、一八八〇年代中頃にカール・ベンツやゴットフリート・ダイムラーが最初の自動車の動力として開発したガソリンエンジンだった。もう一つは、主としてグライダーによる実験の結果得られた空気力学だった。この二つも互いに関係なく得られた知識だった。だが、この二つの知識が結合することによって初めて飛行機が可能になった。

コンピュータもまた五指に余る知識の結合が必要だった。数学上の発見としての二進法、パンチカード、科学上の発明としての三極管、記号論理学、プログラムとフィードバックの概念だった。コンピュータにはこれらすべてのものが必要だった。

イギリスの数学者チャールズ・バベッジの名はコンピュータの父としてよく挙げられる。実際にコンピュータをつくるにいたらなかったのは、金属と電力が手に入らなかったためとされている。しかしそれは誤りである。たとえ必要な金属を手に入れていたとしても、つくれたのはせいぜい金銭登録機に毛の生えた程度の計算機だったろう。パンチカード、記号論理学、プログラムとフィードバックの概念がなければ、バベッジといえどもコンピュータは単なる想像にとどまったはずだ。

一八五二年、ペレール兄弟が企業家向けの最初の銀行を創設した。しかし彼らの銀行は、たった一つの知識しかもたなかったために数年でつぶれた。企業家のための銀行には二つの知識が必要だった。彼らはベンチャー・キャピタルに特有の企業家的な投資の考え方は理解していた。しかし彼らは、ちょうど同じ頃、英仏海峡の向こう側においてイギリスが発展させ、ウォルター・バジョットの古典『ロンバード街』で集大成された商業銀行についての体系的な知識はもちあわせていなかった。

一八六〇年代にペレールの銀行が失敗した後、三人の若者がベンチャー・キャピタルの概念に商業銀行の知識を結合させた。その一人がロンドンで修業し、かつペレールのクレディ・モビリエを研究したJ・P・モーガンだった。彼は一八六五年、ニューヨークに企業家のための銀行を設立し、一九世紀で最も成功した銀行に育てあげた。

もう一人は、ライン川の向こう側において、ユニバーサル・バンクと名づけるものを設立したドイツの若者、ゲオルク・ジーメンスだった。彼はイギリスの銀行をモデルとする貯蓄銀行と、ペレールの銀行をモデルとする企業家向けの銀行を結合させた。

そして三人目は、はるか遠くの東京の若者、日本人として初めてヨーロッパの銀行をその目で見、パリと、ロンドンのロンバード街で過ごしたことのある渋沢栄一だった。彼はいわば日本型のユニバーサル・バンクを設立し日本経済の基礎をつくった。

近代的な新聞を最初に構想したのは『ニューヨーク・ヘラルド』を創設したアメリカ人、ジェイムズ・ゴードン・ベネットだった。彼は問題点のすべてを理解していた。新聞は独立性を保つために独自の収入を得ることが必要だった。広く読まれるためには値段が安くなければならなかった。それまで新聞は、自らの独立性を売り渡し、一種の宣伝機関として収入を得ていた。あるいは、貴族の新聞だったロンドンの『ザ・タイムズ』のように、「紳士のために紳士が書き」、一握りの上流階級しか読むことのできない値段にせざるをえなかった。

ベネットは、近代新聞の基礎である二つの知識を結合させた。電信と高速印刷だった。彼はこの二つの技術によって、安いコストで新聞を発行した。彼はその死後開発されることになった高速植字機の必要性をすでに認識していた。さらに彼は、こうしてコストを下げた新聞の大量発行を可能にするには識字率の向上が必要であることを知っていた。

しかしベネットは、近代的な新聞に必要な五つ目の条件は見逃していた。独立性を保つうえで必要な収入源としての広告だった。確かにベネット自身は成功を収め、最初の新聞王となった。しかし彼の新聞は、社会において指導的な地位を得ることも、財政的な安定を得ることもなかった。

それらのものを実現するには、二〇年後の一八九〇年頃広告の意味を理解し利用した三人の男を待たなければならなかった。セントルイスで成功し後にニューヨークへ移ったジョゼフ・ピューリッツァーであり、倒産寸前の『ニューヨーク・タイムズ』を買収してアメリカの一流紙にまで育てあげたアドルフ・オクスであり、近代的な新聞チェーンを生み出したウィリアム・ランドルフ・ハーストだった。

ナイロンの発明とそれに続くプラスチックの発明も、一九一〇年以降のいくつかの新しい知識の結合によってもたらされた。その一つは、ドイツの化学工業がパイオニアとなり、ニューヨークで働いていたベルギー人ベークランドが完成させた有機化学だった。もう一つは、レントゲン解析とそれによる結晶構造の分析だった。さらにもう一つは、高度の真空技術だった。そして決定的な要因となったのが、第一次世界大戦時の物資の欠乏下において、天然ゴムに代わるものを得るためにドイツ政府が行っていたポリマーの研究だった。ただし、ナイロンが市場に出るにはさらに二〇年を要した。

必要な知識のすべてが用意されない限り、知識によるイノベーションは時期尚早であって、失敗は必然である。イノベーションが行われるのは、ほとんどの場合、必要なもろもろの要素が既知のものとして利用できるようになり、どこかで使われるようになったときである。一八六五年から七五年にかけてのユニバーサル・バンクがそうだったし、第二次世界大戦後のコンピュータがそうだった。

もちろん、イノベーションを行おうとする者が、欠落した部分を認識し、自らそれを生み出すこともある。ジョゼフ・ピューリッツァー、アドルフ・オクス、ウィリアム・ランドルフ・ハーストは、近代的な広告を生み出すうえで主役を演じた。そこから、今日われわれがメディアと呼ぶもの、すなわち情報と広告の結合としてのマスコミが生まれた。ライト兄弟も知識の欠落、特に数学的な理論の欠落を認識し、自ら風洞をつくって実験することによって欠落していた知識を手に入れた。

このように、知識によるイノベーションは、そのために必要な知識のすべてが出そろうまでは行われない。それまでは死産に終わる。

例えば、当時飛行機の発明者となることが期待されていたサミュエル・ラングレーは、科学者としてライト兄弟よりもはるかに力量があった。しかも当時、アメリカ最高の科学研究機関だったワシントンのスミソニアン研究所の責任者として、アメリカ中の科学的資源を利用できる立場だった。

しかし彼は、すでに開発されていたガソリンエンジンを無視し、蒸気エンジンにこだわった。そのため彼の飛行機は、飛ぶことはできてもエンジンが重すぎて何も積むことができなかった。パイロットさえ乗せられなかった。実用的な飛行機をつくるには力学とガソリンエンジンの結合が必要だった。

すべての知識が結合するまでは、知識によるイノベーションのリードタイムは始まりさえしない。

知識によるイノベーションの条件

知識によるイノベーションは、まさにその特徴ゆえに三つの固有の条件を伴う。しかもそれは、ほかのいかなるイノベーションの条件とも異なる。

分析の必要性

第一に、知識によるイノベーションに成功するには、知識そのものに加えて、社会、経済、認識の変化などすべての要因を分析する必要がある。

企業家たる者は、その分析によっていかなる要因が欠落しているかを明らかにしなければならない。しかる後に、ライト兄弟が数学的な理論の欠落を自ら補ったように、それを手に入れることができるか、あるいは時期尚早としてイノベーションそのものを延期させるべきかを判断しなければならない。

ライト兄弟こそ模範である。彼らは、原動機による有人飛行機をつくるうえでいかなる知識が必要であるかを徹底的に分析した。次に、情報を集め、理論的に検証し、実験を行うことによって、補助翼や主翼の形を定めるうえで必要な理論を得た。

技術上の知識以外の知識によるイノベーションにおいても分析が必要である。近代銀行の設立についてJ・P・モーガンやゲオルク・ジーメンスは何も書き残していないが、渋沢栄一の書いたものによれば、彼は自らが利用できる知識と必要な知識を分析したうえで、政府におけるそれまでの経歴を捨てて銀行を設立したことがわかる。

同じように、ジョゼフ・ピューリッツァーも、必要な知識を詳細に分析したうえで、新聞には広告が必要であり、しかもそれが可能であるとの結論に達した。

マネジメントの分野における私のイノベーションの成功も、一九四〇年代の初めに行った同じような分析に基づいていた。必要な知識の多く、例えば組織論や、仕事と人のマネジメントについての知識は、すでに手に入るようになっていた。そして分析の結果、それらの知識は散らばっており、いくつかの異なる分野に放置されたままであることが明らかになった。いかなる重要な知識が欠落しているかも明らかになった。それが、事業の目的、トップマネジメントの仕事と構造、今日企業戦略と呼ばれているもの、目標管理などの知識だった。そして私は、それらの欠落した知識のすべてを生み出すことができるとの結論に達した。

分析を行わなければ、欠落している知識が何かはわからない。したがって分析を行わないことは、失敗を運命づけるに等しい。かつてのサミュエル・ラングレーのように失敗に終わるか、誰かほかの者に機会を与えるにすぎないことになる。

とりわけ教訓となるのは、知識によるイノベーションの成果をなかなか手に入れることができなかったイギリスの経験である。

イギリスはペニシリンを発見し開発した。しかし、実際にその成果を手にしたのはアメリカだった。イギリスの科学者たちは、技術的には素晴らしい仕事をした。正しい物質を発見し、その正しい利用の方法を発見した。しかし彼らは、製造能力が決定的に重要な要因であることを理解しなかった。彼らも製造技術を開発することはできたに違いない。単に開発しようとしなかっただけだった。こうして、アメリカの小さな医薬品メーカーのファイザーが、培養の技術を開発し、世界一のペニシリン・メーカーとなった。

同じように、イギリス人は、世界で最初にジェット旅客機を構想し、設計し、製造した。しかしイギリスの企業デハビランドは、何が必要であるかを分析しなかったために、二つの重要な要因を見落とした。一つは、飛行機の大きさ、すなわちジェット機が航空会社に最大の利益をもたらす飛行距離と積載量の算出だった。もう一つは、同じように当たり前のことだったが、ジェット機という高価なものを航空会社が購入できるようにするための融資の方法だった。

デハビランドがこれらについて分析を行わなかったために、アメリカのボーイングとダグラスがジェット機市場を手にした。今日、デハビランドは消えて久しい。

イノベーションのための分析は当然のことのように思われる。しかし実際には、科学的あるいは技術的なイノベーションを起こそうとする者がそのような分析を行うことは稀である。科学者や技術者は自分がすべてを知っていると思い込んでいる。そのためそれらの分析を行おうとしない。知識による偉大なイノベーションの多くが、科学者や技術者よりも素人を父とし、あるいは少なくとも祖父とする結果になっているのはこのためである。

アメリカのGEは財務畑の人物によってつくられた。GEを大型蒸気タービンの世界的リーダー企業、すなわち電力会社への世界的供給者につくりあげることになった戦略を構想したのも技術の素人だった。同じように、IBMをコンピュータのトップ企業につくりあげたのは、二人の素人、トマス・ワトソン・シニアとその息子のトマス・ワトソン・ジュニアだった。

デュポンにおいて、ナイロンという知識によるイノベーションを成功させるために必要な要因を分析したのは、技術を開発した化学者ではなく経営委員会の経営幹部たちだった。ボーイングは、航空会社や旅客のニーズを理解するマーケティング志向の人たちのリーダーシップのもとに、ジェット機の生産で世界のトップ企業となった。

科学や技術の素人が主導権をとることは必然ではない。それは意思と自己規律の問題である。科学者や技術者の中にも、エジソンのように知識によるイノベーションに必要なものを徹底的に分析した人は数多くいる。

戦略の必要性

第二に、知識によるイノベーションを成功させるには戦略をもつ必要がある。

新知識によるイノベーションを成功させるには戦略が必要である。それは大反響を呼び、人を引きつけるがゆえに、スタートを誤ってはならない。チャンスは一度しかない。他のイノベーションでは成功したあとも長い間放っておいてもらえる。新知識によるイノベーションではそうはいかない。多くの者が寄ってくる。一度つまずくだけで押しつぶされる。

知識によるイノベーションには三つの戦略しかない。

①エドウィン・ランドがポラロイドカメラについてとった戦略、すなわちシステム全体を自ら開発し、それをすべて手に入れる戦略である。

これは、ＩＢＭがその初期の時代に、コンピュータの販売ではなくリースを選択したときに採用した戦略である。ＩＢＭは、ソフトウェア、プログラム、プログラマーに対する教育、顧客に対する教育など、もろもろのサービスを提供した。

これは今世紀の初め、ＧＥが大型蒸気タービンという知識によるイノベーションによって、トップの地位を確立したときの戦略でもあった。

②システム全体ではなく、市場だけを確保しようとする戦略である。知識によるイノベーションは市場を創造する。デュポンは、ナイロン製のストッキング、女性用下着、自動車タイヤの市場を創造し、それを確保した。ナイロン需要を自ら創造し、ナイロンを使うメーカーに対しナイロンを供給することにした。

アルミニウムのメーカーも、一八八六年のチャールズ・Ｍ・ホールによるアルミ還元法の発明の後、フライパンや鍋や棹などアルミ製品の市場を確保した。しかもアルミ・メーカーの場合は、自ら最終製品まで生産し販売した。競争相手など生まれようのない市場を確保した。

③戦略的に重要な能力に力を集中し、重点を占拠する戦略である。イノベーションを行った者が産業内部の激動から超然としていられる場所はどこか。

ファイザーがペニシリンの製造でトップの地位を獲得したのは、この点を検討して培養技術の開発に力を入れたおかげだった。

ボーイングが旅客機メーカーとしてトップの地位を獲得し、今日までそれを守りつづけることができたのも、マーケティング、すなわちジェット機の設計と融資について航空会社と旅客のニーズを把握することに全力をあげたおかげだった。

コンピュータの鍵たる部品、すなわち半導体メーカーの何社かも、今日のコンピュータ産業の激動にかかわらず、トップの地位を享受している。インテルがそのよい例である。

いかなる産業にあっても、これら三つの戦略のうちいずれかを選ぶことができる。例えば、デュポンは市場を創造する戦略を選んだのに対し、競争相手であるダウ・ケミカルは重要拠点を占拠する戦略をとった。

およそ一〇〇年前、J・P・モーガンは重点を占拠する戦略を選び、アメリカの産業さらには資本不足国としてのアメリカそのものにヨーロッパ資本を投資させるためのパイプ役となった。同じ頃、ドイツのゲオルク・ジーメンスと日本の渋沢栄一は、システム全体を手に入れる戦略を選んだ。戦略の威力はエジソンの成功によって知ることができる。

電球の製造に必要な発明を行ったのはエジソンだけではなかった。イギリスの物理学者ジョゼフ・スワンも同じ発明を行った。スワンはエジソンと同時期に電球を開発した。技術的にはむしろ彼の電球のほうが優れていた。しかしエジソンは、技術的なニーズを研究しただけではなく、その後の戦略についても考えていた。ガラス球、真空、密閉、フィラメントなどの技術的な研究に着手する前から、システム全体の構想を描いていた。電力会社の電力に合った電球を考え、利用者に電気を引く権利や、電球の流通システムまで構想した。

スワンは科学者として製品を生み出したが、エジソンは産業を生み出した。スワンが自らの技術的な成果に関心をもつ人を探している頃、すでにエジソンは電力を売っていた。

このように、知識によるイノベーションを行う者は戦略を定めなければならない。もちろん、ここに挙げた三つの戦略はいずれも大きなリスクを伴う。しかし、明確な戦略をもたないことや、同時に二つ以上の戦略をもつことにはさらに大きなリスクが伴う。致命的に大きなリスクが伴う。

マネジメントの必要性

第三に、知識によるイノベーション、特に科学や技術の知識によるイノベーションに成功するには、マネジメントを学び実践する必要がある。

事実、知識によるイノベーションは、ほかのいかなるイノベーションよりもマネジメントを必要とする。リスクが大きいだけに、マネジメントと財務についての先見性をもち、市場中心、市場志向であることが大きな意味をもつ。しかるに今日、知識によるイノベーション、特にハイテク分野のイノベーションではほとんどマネジメントが行われていない。

新しい知識によるイノベーションが失敗するのは企業家自身に原因がある。高度な知識以外のもの、特に専門領域以外のことに関心をもたない。顧客にとっての価値よりも技術的な高度さを価値とする。これでは二〇世紀の企業家というよりも一九世紀の発明家のままである。

しかし、ハイテクを含め知識によるイノベーションにおいても、マネジメントを意識的に行うことによってリスクを大幅に小さくできることを教えてくれる企業は多い。スイスの製薬会社ホフマン・ラロッシュ、ヒューレット・パッカード、インテルがよい例である。

まさに、知識によるイノベーションには特有のリスクが伴うがゆえに、企業家としてのマネジメントが必要とされ、かつ大きな効果をあげる。

知識によるイノベーションに特有のリスク

綿密な分析、明確な戦略、意識的なマネジメントをもってしても、知識によるイノベーションには特有のリスク、特有の不確実性が伴う。そもそも、それは本質的に乱気流の世界である。知識によるイノベーションは、リードタイムの長さと異なる知識の結合という特有のリズムをもつ。

まず最初に、いまにもイノベーションが起こりそうでありながら何も起こらないという期間が長期にわたって続く。そして突然爆発が起こる。数年にわたる開放期が始まり、興奮と乱立が見られ、脚光が当てられる。五年後には整理期が始まり、わずかだけが生き残る。

一八五六年、ドイツのヴェルナー・ジーメンスが、二五年前の一八三一年にマイケル・ファラデーが発展させた電気理論を応用して、最初の電気モーターを設計し世界的な反響を呼んだ。このとき、やがて電機産業が生まれ、しかもそれが大きな産業になることが確実となった。多くの科学者や発明家が働いた。しかし、その後の二二年間は何も起こらなかった。

そこには、ある一つの知識、すなわちマクスウェルによるファラデーの理論の発展が必要だった。事実、マクスウェルの理論が得られるや、一八七八年エジソンが電球を発明し、レースが始まった。その後の五年間に欧米の主な電機メーカーのすべてが設立された。

ドイツではジーメンスが小さな電機メーカーのシュッケルトを買収した。AEGがエジソンの発明をもとに設立された。アメリカではGEとウェスチングハウスの前身が設立され、スイスではブラウン・ボベリが、スウェーデンではASEAが一八八四年に設立された。

これらの企業は、アメリカ、イギリス、フランス、ドイツ、イタリア、スペイン、オランダ、ベルギー、スイス、オーストリア、チェコ、ハンガリーなどの国々で、やがて一〇億ドル企業となることを期待され投資された一〇〇社にのぼる企業の、ごく一部にすぎない。サイエンス・フィクションの最初のブームをもたらし、ジュール・ヴェルヌやH・G・ウェルズを世界のベストセラー作家にしたのも、この電機産業の勃興が背景にあった。しかし、一八九五年から一九〇〇年にかけて、それら新規企業のほとんどが姿を消した。撤退し、倒産し、あるいは吸収された。

自動車産業においても、一九一〇年当時、アメリカだけで二〇〇社のメーカーがあったが、三〇年代には二〇社となり、六〇年には四社となった。

ラジオについても、一九二〇年代にはラジオ局が数百局、ラジオ・メーカーが数百社あったが、一九三五年にはラジオ放送の主導権は三大ネットワークに握られ、メーカーの数も一ダースほどになった。

新聞もまた、一八八〇年から一九〇〇年にかけて創刊ブームがあった。当時新聞は最大の成長産業の一つだった。しかるに第一次世界大戦後、主要国のすべてにおいて新聞社の数は減る一方である。

銀行についても同様だった。モーガン、ジーメンス、渋沢などの近代銀行の父たちに続いて、ヨーロッパと同じようにアメリカでも爆発的な銀行設立ブームがあった。しかし、わずか二〇年後の一八九〇年前後には銀行の集約化が始まった。廃業や合併が続いた。第一次世界大戦が終わる頃には、あらゆる主要国において、全国規模の銀行はその種類を問わずわずかな数となった。

しかしいずれの場合も、生き残った企業は例外なく初期のブーム時に生まれたものだった。ブームのあとでは新規参入は事実上不可能となる。知識に基づく産業には、数年間にわたって新設のベンチャー・ビジネスが逃してはならない開放期がある。

今日、この開放期は短くなってきたと見られている。しかしそのような見方は、新しい知識が技術、製品、プロセスとなるまでのリードタイムが短くなってきたという見方と同じように、まったくの誤りである。

イギリスでは、一八三〇年にジョージ・スティーヴンソンのロケット号が初めて営業用の列車を引いた後の数年間に、一〇〇社以上の鉄道会社が設立された。その後ほぼ一〇年間、鉄道はハイテクの地位を与えられ、鉄道の企業家たちはマスコミにもてはやされた。鉄道に対する投機熱は、チャールズ・ディケンズの小説『リトル・ドリオット』(一八五五〜五七年)において鋭く風刺された。

それは今日のシリコンバレーの投機熱に似ていた。しかし一八四五年頃、突然鉄道産業の開放期が終わった。爾来イギリスにおいて鉄道会社はまったく設立されていない。五〇年後には、一八四五年当時一〇〇社にのぼっていた鉄道会社も五、六社に減った。

家電、電話、自動車、化学でも同じ周期が見られた。新規参入のための開放期が長かったことなど一度もなかった。

しかし今日、この開放期が込み合ってきたことは間違いない。一八三〇年代の鉄道ブームはイギリス国内に限られていた。どこの国でも鉄道ブームは近隣諸国のブームとは関係なく起こった。これに対し、その後の電機ブームは、その二五年後の自動車ブームと同じように国境を越えて広がった。だがそれでも、それらのブームが当時の先進国の枠を越えることはなかった。

しかし今日では、そもそも先進国なるものの数がはるかに増えている。日本がありブラジルがある。非共産圏の中国系の地域、香港、台湾、シンガポールがある。しかも通信は瞬時に行われ、旅行も簡単に速くできるようになった。

さらに今日では、きわめて多くの国が、一〇〇年前にはごくわずかの国しかもたなかったもの、すなわち知識をもつ人たち、特に科学や技術によるイノベーションのために直ちに働き始める用意のある訓練された人材をもっている。

時間との闘いと生存確率の減少

これらのことは二つの意味をもつ。

第一に、科学や技術によるイノベーションを行おうとする者にとっては、時間が敵だということである。ほかのイノベーション、すなわち、予期せぬ成功と失敗、ギャップの存在、ニーズの存在、産業構造の変化、人口構造の変化、認識の変化に基づくイノベーションにとって、時間が味方であるのとは大違いである。それらのイノベーションでは、イノベーションを行う者は放っておかれる。たとえ間違っても修正する時間がある。新しいベンチャーに着手するチャンスも数回はある。

しかし知識、特に科学や技術によるイノベーションではそうはいかない。新規参入が可能な開放期は短い。チャンスは二度とない。最初から失敗してはならない。環境は厳しく仮借ない。開放期が過ぎれば、チャンスは永久に失われる。

しかし知識産業の中には、最初の開放期が終わって二〇年、三〇年後に再び開放期が始まるものがある。コンピュータがその一例である。

コンピュータ産業の最初の開放期は一九四九年から五五年頃まで続いた。当時、世界の電機メーカーのほとんどすべてがコンピュータ産業に入っていった。アメリカではGE、ウェスチングハウス、RCA、イギリスではブリティッシュ・ゼネラル・エレクトロニクス、プレッシー、フェランティ、ドイツではジーメンスとAEG、オランダではフィリップスだった。しかし一九七〇年には、それら大手電機メーカーはすべて不名誉な撤退を余儀なくされた。

残ったのは、一九四九年には存在さえしていなかったような企業であり、あるいは限界的な存在だった中小の企業だった。アメリカでは、IBMのほかに中小のコンピュータ・メーカー七社だった。イギリスでは、ICL、GEのコンピュータ部門、プレッシーやフェランティの残骸だった。フランスでは政府の手厚い保護のもとに、ようやくいくつかのメーカーが残った。ドイツではまったくの新規参入者であるニクスドルフが残った。日本でも長期にわたる政府の保護のもとに辛うじていくつかが残った。

そして一九七〇年代末、ワープロ、ミニコンピュータ、パソコン、コンピュータと電話交換機の結合をもたらすことになった半導体の出現に伴い、二回目の開放期が始まった。しかし、一回目のラウンドで失敗したメーカーは参入しなかった。一回目のラウンドに生き残った者の多くも、二回目には参入しなかった。あるいはいやいや遅れて参入した。ユニバック、コントロール・データ、ハネウェル、バローズ、富士通、日立のいずれも、ミニコンピュータやパソコンでトップをねらおうとはしなかった。例外は一回目のラウンドのまぎれもない勝者ＩＢＭだった。

このようなパターンは、知識に基づくほかの分野のイノベーションにも見られた。

第二に、知識によるイノベーションの開放期が込み合ってきたために、イノベーションを行う者の生き残りの確率が小さくなったことである。開放期における新規参入者の数は、今後増える一方となる。

もちろん産業構造は産業によって大きく異なる。それは、技術、資金、参入の容易さ、市場のローカル度によって変わる。それぞれの産業にはそれぞれ特有の構造がある。産業によっては大企業、中企業、小企業、専門化した企業など多様な企業がありうる。

ところが、コンピュータ産業や近代銀行業のような知識に基づく産業の場合は、市場は一つになる。グローバル市場である。したがって、知識によるイノベーションを行う者のうち、その産業が成熟し安定するまで生き残れる者はもはやあまり多くはない。しかも主としてグローバル市場と通信の発達により、開放期における新規参入者の数は大幅に増加しつつある。したがって、ひとたび整理期がくれば死亡率は昔よりもはるかに高くなる。しかも整理期は必ずくる。それは避けられない。

整理期は開放期が終わるとともに始まる。開放期に設立されたベンチャー・ビジネスのきわめて多くが、鉄道や電機、自動車などの昨日のハイテクで見られたように、この整理期を生き延びることができない。

いずれが生き残り、いずれが死ぬか、いずれが生きることも死ぬこともできずにいるかはわからない。予測をしても無駄である。規模が大きいために生き残れるという企業もあるかもしれない。だが規模の大きさは成功を保証しない。もしそうであるならば、今日、デュポンではなくアライド・ケミカルが、世界で最も業績のよい最大の化学品メーカーになっていたはずである。

いかなる産業が重要な産業となるかは容易に予測することができる。歴史を見る限り、私が開放期と呼ぶ爆発的ブーム期を経験した産業はすべて重要産業となっている。問題はそれらの産業においてどの企業が生き残り、どの企業が主要な地位を占めるにいたるかである。

ハイテクのリスクと魅力

投機熱を伴う開放期のあとに厳しい整理期が続くというパターンは、特にハイテク産業で表れやすい。なぜならば、ハイテクは脚光を浴び、多くの新規参入と投資を引きつけるからである。期待も大きい。

おそらく、ハイテクよりも靴墨や時計のような事業で金持ちになった人のほうが多いに違いない。だが靴墨メーカーは、一〇億ドル企業に育つことを期待されない。健全経営の同族会社で終わることを失敗とはしない。ところがハイテクは、中ぐらいの成功には何の価値もないという伸るか反るかの勝負である。それゆえにこそ、ハイテクにおけるイノベーションには大きなリスクが伴う。

しかもハイテクは、かなり長い間利益をあげることができない。コンピュータ産業は一九四七年から四八年にかけて始まったが、産業全体として見る限り、三〇年以上も経った八〇年代初めまで収支が合わなかった。

確かに、アメリカ企業の中には早くから利益をあげ始めたところもあった。コンピュータ産業の雄たるＩＢＭはかなり早くから利益をあげていた。しかし産業全体で見るならば、これらわずかな数のコンピュータ・メーカーの利益は、世界の電機メーカーがコンピュータ・メーカーへの脱皮という試みに失敗してこうむった膨大な損失をはるかに下回っている。

これと同じことが、コンピュータ以前のハイテク、すなわち一九世紀初めの鉄道、一八八〇年から一九一四年にかけての電機と自動車、一九二〇年代のラジオ局にも起こった。

このようなことが起こるのは、調査、技術開発、技術サービスに多額の資金を注ぎ込まなければならないからである。ハイテク企業は、たとえ現状を維持するためであっても、常に速く走らなければならない。もちろんこれもハイテクの魅力である。しかしこのことは、整理期が訪れたとき、ごく短期の嵐を乗り切るのに必要な資金的余裕さえ残していない企業がほとんどであるということを意味する。ほかの産業に比べて、ハイテク産業が、特に資金的な見通しを必要としながら、その見通しが困難な原因もここにある。

この整理期に生き残るための処方は一つしかない。マネジメントである。ドイツ銀行がほかの新しい銀行と比べて際立った存在となりえたのは、ゲオルク・ジーメンスが世界で最初のトップマネジメント・チームを構想し、それを実際につくりあげたからだった。デュポンがアライド・ケミカルより際立った存在となったのは、一九二〇年代の初め、体系的な組織構造や長期計画、それに情報システムを世界で最初につくりあげたからだった。これに対し、アライド・ケミカルは一人の天才によって恣意的にマネジメントされていた。

しかし、話はこれで終わらない。最近のコンピュータ産業における整理期に生き残れなかった大企業のほとんどは、GEやジーメンスなど第一級のマネジメントをもつとされていた大企業である。しかも逆に、自動車産業の整理期において間違ったマネジメントが行われていたフォードが、たとえ辛うじてではあったにせよ生き残った。したがってマネジメントもまた、生き残りの条件ではあっても、それだけで何かを保証するわけにはいかない。

しかも整理期がやってきたとき、ブームのうちに急成長を遂げた企業が、デュポンのように正しくマネジメントされていたか、それともアライド・ケミカルのように間違ってマネジメントされていたかを知りうるのは、その企業にいる人間だけである。そしてそれを知る頃にはすべてが手遅れである。

知識によるイノベーションが成功するには機が熟していなければならない。世の中に受け入れられなければならない。このリスクは知識によるイノベーションに特有のものであって、その特有の力と裏腹の関係にある。

ほかのイノベーションは、すべてすでに起こった変化を利用する。すでに存在するニーズを満足させようとする。ところが知識によるイノベーションは、まさにイノベーションそのものが変化を起こす。それはニーズを創造することを目的とする。

しかるに、顧客が受け入れてくれるか、無関心のままでいるか、抵抗するかを事前に知ることはできない。確かに例外はある。癌の治療薬を生み出す者は、どれだけ受け入れてもらえるかなど気にしなくともよい。だがそのような例外は多くはない。

新知識によるイノベーションが世に受け入れられるかどうかは賭けである。オッズはわからない。

隠されたままである。誰も気づいてはいないが、受け入れてもらう可能性は高いかもしれない。逆に、社会がイノベーションを待望していることが確実であっても、誰も受け入れてくれないかもしれない。反発さえされるかもしれない。

知識によるイノベーションに対する王侯の感受性の鈍さを表した挿話は多い。その典型が、当時流行の鉄道について、「ベルリンからポツダムまで乗馬を楽しめるというのに、金を払って一時間しか乗れないものを使う者などいないであろう」として、鉄道の失敗を断じたプロイセン王だった。だが、汽車に対する受容度を読み違えたのはプロイセン王だけではなかった。当時の専門家の過半が同じ考えだった。

コンピュータが現れた頃、企業がそのような代物を必要とするようになることを予測した者は一人もいなかった。

これと逆の間違いも同じようによく見られる。本当のニーズ、本当の欲求が存在することは誰もが知っている。しかし実際にそれが表れると、無関心や抵抗しかないということがある。

一九四八年当時、企業がコンピュータを必要とするようになることを見通せなかった権威たちが、その数年後の一九五五年には、コンピュータが一〇年以内に学校教育に革命をもたらすと予測した。

ドイツ人にとって、電話の発明者はアレキサンダー・グラハム・ベルではなく、フィリップ・ライスである。ライスは一八六一年に音を電送した。言葉さえほぼ電送することができた。しかし彼はその後開発を進めなかった。当時の社会には電話を受け入れる余地はなく、関心もなく、望む声もなかった。人々の大半は電報があれば十分としていた。しかしその一五年後、ベルが電話の特許をとるや直ちに熱い反応が見られた。しかも最も歓迎したのがドイツだった。

この一五年間における社会の受け入れ方の変化は容易に説明できる。南北戦争と普仏戦争という二つの戦争が、電報では十分でないことを明らかにしていた。ここで重要な問題は、なぜ受け入れ方が変化したかではない。重要なことは、ライスがある科学関係の大会でその装置を実演したとき、当時の権威ある人たちのすべてが、社会はそれを全面的に受け入れるであろうと断じたにもかかわらず、それが間違っていたことのほうである。

もちろん斯界の権威が正しいことはある。しかも決して少なくない。例えば一八七六年から七七年にかけて、彼らは電球と電話は社会に受け入れられるだろうと言った。そのとおりだった。同じように、一八七〇年代にエジソンが蓄音機の発明に取り組んだときにも、権威たちはそれを支持した。このときも蓄音機に対する社会の受容度についての彼らの見方は正しかった。

しかし、知識に基づく個々のイノベーションに対する社会の受け入れ方についての権威の評価が正しいかどうかは、あとになってみなければわからない。しかも知識によるイノベーションが受け入れられた原因や受け入れられなかった原因は、必ずしもあとで明らかになるわけではない。

社会の受容度に関わるリスクをなくすことはできないし、小さくすることさえできない。市場調査は役に立たない。存在しないものについて調査をすることはできない。世論調査などは役に立たないどころか有害でさえある。少なくとも、知識に基づくイノベーションに対する社会の受け入れ方に関しては、権威の意見にまつわる経験がすでに教えているとおりである。

選択の余地はない。知識によるイノベーションを行うのならば、それが受け入れられるかどうかについては賭けてみるしか道はない。

科学や技術の分野における新しい知識に基づくイノベーションこそ、リスクの最も大きなイノベーションである。もちろんホットな分野であるほどリスクは大きくなる。今日ならば、それはパソコンでありバイオである。

これに対し、華やかならざる分野のイノベーションは単に時間的な余裕があるというだけでも、リスクははるかに小さい。社会的なイノベーションにおいても、リスクはそれほど大きくない。とはいえ、いずれにせよ知識によるイノベーションには、ほかのイノベーションよりも大きなリスクがつきものである。しかしそのリスクは、それが世に与えるインパクト、そして何よりもわれわれ自身の世界観、われわれ自身の位置づけ、そしてゆくゆくはわれわれ自身にさえ変化をもたらすことに対する代価である。

だが、それらハイテクのイノベーションに伴うリスクさえ、イノベーションの機会としての新しい知識を、予期せぬ成功や失敗、ギャップの存在、あるいはニーズの存在と結合させることによって大幅に小さくすることができる。そのとき社会がイノベーションを受け入れるかどうかは、すでに確定している。容易かつ確実に調べることができる。

しかもそのとき、イノベーションを完成させるうえで必要な知識もかなりの精度をもって規定することができる。これがまさに今日、開発研究なるものに人気がある理由である。開発研究においてはシステム的思考と自己規律が必要とされる。それは組織的かつ目的的であることが不可欠である。

このように新知識によるイノベーションを行う者は多くのことを要求される。ほかのイノベーションとは要求されるものがまったく異なる。直面するリスクが異質である。そもそも時間が敵である。だがリスクが大きければ、それだけリターンも大きい。他のイノベーションも富を手に入れることはできる。しかし、新知識によるイノベーションは名声まで手にすることができる。

第10章　アイデアによるイノベーション

あまりの曖昧さ

アイデアによるイノベーションは、ほかのあらゆる種類のイノベーションを合わせたよりも多い。一〇の特許のうち七つか八つはこの種のものである。企業家や企業家精神についての文献で取り上げられている新事業の多くがアイデアに基づく。ジッパー、ボールペン、エアゾール缶、缶のフタの類である。

企業の開発研究と称されているものの多くも、朝食用のコーンフレークやソフトドリンクの味つけ、新しい運動靴、焦がす心配のないアイロンなど、アイデアを発見するための作業である。

アイデアはイノベーションの機会としてはリスクが大きい。成功する確率は最も小さく、失敗する確率は最も大きい。この種のイノベーションによる特許のうち、開発費や特許関連費に見合う稼ぎがあるものは一〇〇に一つもない。使った費用を上回る稼ぎがあるものは五〇〇に一つである。しかもアイデアによるイノベーションのうち、いずれに成功のチャンスがあるか、いずれに失敗のリスクがあるかは誰にもわからない。

例えば、なぜあのスプレー式のエアゾール缶は成功したのか。ほかに似たような発明が一ダースほどもあったのに、なぜそれらは失敗に終わったのか。なぜあの万能スパナが売れて、ほかのものは消えたのか。なぜジッパーは、あれほど引っかかりやすいにもかかわらず、そしてジッパーの引っかかりほど厄介なものはないにもかかわらず、広く受け入れられ、ボタンに取って代わったのか。

アイデアによるイノベーションの成否を事前に知るための方法も、特に改善されているわけではない。アイデアによるイノベーションに成功する者に共通の個性、姿勢、性癖を知ろうとする試みも、同じようにうまくいっていない。

「イノベーションに成功する者は発明しつづける。何でも試す。そのうちに成功する」という。しかし、続けていればやがて成功するという考えは、ラスベガスのスロットマシーンで儲けるには、レバーを引きつづければよいというのに似ている。スロットマシーンではオッズは〇・七である。レバーを引くほど負ける確率は大きくなる。スロットマシーンで勝つ方法に根拠がないように、アイデアの追求において執拗さがよい結果を生むなどという説を裏づける証拠はない。

ただ一つのアイデアで成功し、それでやめる人がいる。ジッパーの発明者、ボールペンの発明者がそうだった。他方、四〇の特許をもちながら一つも成功しない人は大勢いる。もちろん進歩はありうる。しかしそれも、正しい方法を実行したとき、すなわちイノベーションの機会を体系的に分析したときだけである。

アイデアによるイノベーションの予測が難しく、かつ失敗の確率が大きい原因はかなり明らかである。そもそもアイデアなるものがあまりに曖昧である。

実際に、ジッパーを発明した人以外で、衣類をとめるのにボタンやホックでは不都合だなどと考えた人が何人いたか。あるいは、ボールペンを発明した人以外に、あの一九世紀の発明たる万年筆に欠陥があり、その欠陥が何であるかを考えた人が何人いたか。

しかも、たとえニーズが明らかになったとしても、問題の具体的な解決策は自動的には出てこない。あとになって答えることは容易である。だが事前に答えることはできるだろうか。

企業家たる者は、いかにもろもろの成功物語に心惹かれようとも、単なるアイデアによるイノベーションに手をつけるべきではない。つまるところ、ラスベガスでも毎週誰かがスロットマシーンで大儲けしている。だが、スロットマシーンで遊ぶ彼や彼女にできる最善のことは、あとで困るほど金を注ぎ込まないようにすることぐらいである。

これに対し、計画的に行動する企業家は、明確な目的意識をもって、イノベーションのための七つの機会を分析する。それら七つの機会についてだけでも、個人として、あるいは企業として、さらには公的機関として、なすべきことは十二分にある。とうてい利用しきれないほどある。しかもそれらの機会のそれぞれについては、いかに物事を見、何を探し、何をなすべきかが明らかである。

アイデアによるイノベーションを志すという人たちに対してできることは、数々の困難を乗り越えて成功し、かつ成長を続けていくためには、成功したあと何をしたらよいかを教えることぐらいである。すなわちベンチャー・ビジネスの心得である。企業家精神についてのもろもろの文献が、イノベーションそのものではなく、ベンチャー・ビジネスの設立とそのマネジメントの問題だけを扱っている理由もそこにある。

その騎士道

とはいえ、一国の経済が企業家的であろうとするならば、アイデアによるイノベーションに特有の騎士道精神をないがしろにしてはならない。

確かにこの種のイノベーションは予測することができない。組織化したり体系化したりすることが困難であり、そのほとんどは失敗する。多くは、事業としてほとんど意味をなさない。缶切りやカツラ立て、ベルトのバックルであったり、皿拭き兼用の足温タオルであったりする。しかしそれでも、アイデアによるイノベーションは、その数が膨大であるために、たとえ成功の確率は低くとも新事業、雇用増、経済活動の大きな源泉となる。

アイデアによるイノベーションは、いわばイノベーションと企業家精神の原理と方法の体系における付録である。しかし、それは高く評価され報いられなければならない。それは社会が必要とする資質、すなわち行動力、野心、創意を代表する。

アイデアによるイノベーションを促すうえで社会がなしうることはほとんどない。理解しえないものを奨励することはできない。しかし少なくとも社会は、そのようなイノベーションを邪魔したり、罰したり、困難にしたりしてはならない。絶対にしてはならない。このように見るとき、例えば特許費用の値上げなど、アイデアによるイノベーションの意欲を阻害したり、特許そのものを競争阻害的として取得しにくくしようとしている先進国、特にアメリカの動きは近視眼的かつ有害といわなければならない。

第11章　イノベーションの原理

イノベーションの原理と条件

医者も長くやっていると、奇跡的な回復に立ち会うことがある。不治の患者が突然治る。自然に治ることもあれば、信仰によって治ることもある。奇妙な食餌療法や、昼眠って夜起きることで治ることもある。このような奇跡をいっさい認めず、単に科学的でないとして片づけることは間違いである。それらは現実に起こっていることである。

しかしだからといって、それらの奇跡的な回復を医学書に載せ、医学生に講義する者はいない。それらのことは、再び行うことも、教えることも、学ぶこともできない。しかもそれらの療法によって回復する者は少なく、多くは死ぬ。

これと同じように、私がイノベーションのための七つの機会と呼んでいるものと関係なく行われるイノベーションがある。目的意識、体系、分析と関係なく行われる。勘によるイノベーション、天才のひらめきによるイノベーションである。だが、そのようなイノベーションは再度行うことができない。教えることも学ぶこともできない。天才になる方法は教えられない。

そのうえ、発明やイノベーションの逸話集がほのめかすほど天才のひらめきは存在しない。私自身ひらめきが実を結んだのを見たことがない。アイデアはアイデアのまま終わる。

イノベーションの方法として提示し論ずるに値するのは、目的意識、体系、分析によるイノベーションだけである。成功したもののうち九〇%はそのようなイノベーションである。目的意識をもち、体系を基礎とし、かつそれを完全に身につけて、初めてイノベーションは成功する。

それではイノベーションの原理とは何か。イノベーションに必要な「なすべきこと」「なすべきでないこと」は何か。そして私がイノベーションの条件と呼ぶものは何か。

第一に、イノベーションを行うには、機会を分析することから始めなければならない。イノベーションのための七つの機会を徹底的に分析しなければならない。もちろんイノベーションの分野が異なれば、機会の種類も異なる。時代が変われば機会の重要度も変わっていく。七つの機会のすべてを分析することが必要である。油断なく気を配るだけでは十分でない。分析は常に体系的に行わなければならない。機会を体系的に探さなければならない。

第二に、イノベーションとは、理論的な分析であるとともに知覚的な認識である。イノベーションを行うにあたっては、外に出て、見て、問い、聞かなければならない。このことは、いかに強調してもしすぎることがない。

イノベーションに成功する者は、右脳と左脳の両方を使う。数字を見るとともに人を見る。機会をとらえるには、いかなるイノベーションが必要かを分析をもって知る。しかる後に、外に出て、顧客や利用者を見て、彼らの期待、価値、ニーズを知覚をもって知る。

イノベーションに対する社会の受容度も知覚によって知る。顧客にとっての価値もそのようにして知る。自らのアプローチの仕方が、やがてそれを使うことになる人たちの期待や習慣にマッチしているかも知覚によって知る。こうして初めて、やがてこれを使うことになる人たちがそこに利益を見出すようになるには何を考えなければならないかとの問いを発することができる。さもなければ、せっかくの正しいイノベーションも間違った形で世に出ることになる。

第三に、イノベーションに成功するには、焦点を絞り単純なものにしなければならない。一つのことに集中しなければならない。さもなければ焦点がぼける。単純でなければうまくいかない。新しいものは必ず問題を生じる。複雑なものは、直すことも調整することもできない。

成功したイノベーションは驚くほど単純である。まったくのところ、イノベーションに対する最高のほめ言葉は、「なぜ、私には思いつかなかったか」である。新しい市場や新しい使用法を生み出すイノベーションでさえ、具体的に使途を定めなければならない。具体的なニーズと成果に的を絞らなければならない。

第四に、イノベーションに成功するには、小さくスタートしなければならない。大がかりであってはならない。具体的なことだけに絞らなければならない。

レールの上を走りながら電力の供給を受けるというイノベーションが電車を生み出した。マッチ箱に、常に（五〇本という）同数のマッチ棒を詰めるというイノベーションがマッチ入れのオートメ化をもたらし、それを行ったスウェーデンのマッチメーカーに対し、半世紀近くに及ぶ市場の独占をもたらした。

大がかりな構想、産業に革命を起こそうとする計画はうまくいかない。限定された市場を対象とする小さな事業としてスタートしなければならない。さもなければ、調整や変更のための時間的な余裕がなくなる。イノベーションが最初の段階からほぼ正しいという程度以上のものであることは稀である。変更がきくのは、規模が小さく人材や資金が少ないときだけである。

第五に、とはいえ、最後の「なすべきこと」としてイノベーションに成功するには、最初からトップの座をねらわなければならない。大事業をねらう必要はない。そもそもイノベーションが大事業となるか、まあまあの程度で終わるかは知りえない。だが最初からトップをねらわない限り、イノベーションとはなりえず自立した事業ともなりえない。

具体的な戦略としては、産業や市場において支配的な地位をねらうものから、プロセスや市場において小さなニッチをねらうものまで、いろいろありうる。しかし企業家としての戦略は、何らかの意味においてトップをねらうものでなければならない。さもなければ、競争相手に機会を与えるだけに終わる。

イノベーションの三つの「べからず」

そしていよいよ、いくつかの「べからず」がある。

第一に、凝りすぎてはならない。イノベーションの成果は、普通の人間が利用できるものでなければならない。多少とも大きな事業にしたいのであれば、さほど頭のよくない人たちが使ってくれなければ話にならない。つまるところ、大勢いるのは普通の人たちである。組み立て方や使い方のいずれについても、凝りすぎたイノベーションはほとんど確実に失敗する。

第二に、多角化してはならない。散漫になってはならない。一度に多くのことを行おうとしてはならない。これは、「なすべきこと」の一つとしての的を絞ることと同義である。

核とすべきものから外れたイノベーションは雲散する。アイデアにとどまり、イノベーションにいたらない。ここでいう核とは技術や知識に限らない。市場であることもある。事実、市場についての知識のほうが、技術についての知識よりもイノベーションの核となる。

イノベーションには核が必要である。さもなければ、あらゆる活動が分散する。イノベーションにはエネルギーの集中が不可欠である。イノベーションにはそれを行おうとする人たちが互いに理解し合っていることが必要である。そのためにも、統一、すなわち共通の核となるものが必要である。多様化や分散はこの統一を妨げる。

第三に、イノベーションを未来のために行ってはならない。現在のために行わなければならない。確かにイノベーションは長期にわたって影響を与えるかもしれないし、二〇年経たなければ完成しないかもしれない。だが、「二五年後には、大勢の高齢者がこれを必要とするようになる」というのでは十分でない。「これを必要とする高齢者はすでに大勢いる。二五年後にはもっと大勢いる」といえなければならない。

現時点で直ちに利用できなければ、レオナルド・ダ・ヴィンチのノートに描かれたスケッチと同じようにアイデアにとどまる。われわれのほとんどはダ・ヴィンチほどの才能をもたない。われわれのノートがそれだけで不滅の価値をもちつづけることはない。

イノベーションには長いリードタイムが伴うときがある。医薬品の開発研究では一〇年を要することも珍しくない。しかし今日、医療上のニーズが存在していない医薬品の開発研究に着手する製薬会社はない。

イノベーションを成功させる三つの条件

そして最後に、イノベーションには三つの条件がある。いずれも当たり前のことでありながら無視されることが多い。

第一に、イノベーションは集中しなければならない。イノベーションを行うには知識が必要である。創造性を必要とすることも少なくない。事実、イノベーションを行う人たちの中には卓越した能力をもつ人たちがいる。だが、彼らが異なる分野で同時にイノベーションを行うことはほとんどない。あの恐るべき才能をもっていたエジソンでさえ電気の分野でしか働かなかった。金融のイノベーションに優れたニューヨークのシティバンクが、小売業や医療についてイノベーションを行おうとすることはありえない。

イノベーションには、他の仕事と同じように才能や素地が必要である。だがイノベーションとは、あくまでも意識的かつ集中的な仕事である。勤勉さと持続性、それに献身を必要とする。これらがなければ、いかなる知識も創造性も才能も無駄となる。

第二に、イノベーションは強みを基盤としなければならない。イノベーションに成功する者はあらゆる機会を検討する。自分たちに最も適した機会はどれか、自分たちの組織に適した機会はどれか、自分たちが得意とし実績のある能力を生かせる機会はどれかを考える。ここにおいても、イノベーションは他の仕事と変わるところがない。それどころか、イノベーションほど、自らの強みを基盤とすることが重要なものはない。イノベーションにおいては、知識と能力の果たす役割が大きく、しかもリスクを伴うからである。

イノベーションには相性も必要である。何事もその価値を心底信じていなければ成功しない。製薬会社が口紅や香水で成功することはあまりない。イノベーションの機会は、イノベーションを行おうとする者と体質が合っていなければならない。重要であって意味がなければならない。さもなければ、忍耐強さを必要とし、かつ欲求不満を伴う厳しいイノベーションの仕事はできない。

第三に、イノベーションは、つまるところ経済や社会を変えなければならない。それは、消費者、教師、農家、眼科手術医の行動に変化をもたらさなければならない。プロセス、すなわち働き方や生産の仕方に変化をもたらさなければならない。イノベーションは、市場にあって、市場に集中し、市場を震源としなければならない。

一、二年前、企業家精神をテーマにしたある大学のセミナーで、心理学者たちの発言を聞いたことがある。さまざまな意見がかわされ、企業家的な資質がリスク志向であるということでは意見が一致していた。ところがまとめの段階で、あるプロセス上のギャップを機会としてイノベーションに成功し、二五年で世界的な事業に育てたある有名な企業家がコメントを求められた。

「私はみなさんの発言にとまどっています。私自身、大勢の企業家やイノベーターを知っているつもりですが、いままで、いわゆる企業家的な人には会ったことがありません。私が知っている成功した人たちの共通点はただ一つ、それはリスクを冒さないということです。彼らはみな、冒してはならないリスクを明らかにし、それを最小限にしようとしています。そうでなければ、成功はおぼつきません。私自身、リスク志向であったならば、不動産や商品取引、あるいは母が希望したように画家になっていたと思います」

これは私の経験とも一致する。私も成功した企業家やイノベーターを大勢知っているが、彼らの中にリスク志向の人はいない。通俗心理学とハリウッド映画によるイメージは、まるでスーパーマンと円卓の騎士の合成である。イノベーションを行う人たちは小説の主人公のようではない。リスクを求めて飛び出すよりも、時間をかけてキャッシュフローを調べる。

イノベーションにはリスクが伴う。しかし、スーパーへパンを買いに行くことにもなにがしかのリスクはある。あらゆる活動にリスクが伴う。だが昨日を守ること、すなわちイノベーションを行わないことのほうが、明日をつくることよりも大きなリスクを伴う。

イノベーションは、どこまでリスクを明らかにし小さくできるかによって、成功の度合いが決まる。どこまでイノベーションの機会を体系的に分析し、的を絞り、利用したかによって決まる。まさに成功するイノベーションは、予期せぬ成功と失敗、ニーズの存在に基づくものなど、リスクの限られたイノベーションである。あるいは、新知識の獲得によるイノベーションのように、たとえリスクが大きくとも、その大きさを明らかにできるイノベーションである。

イノベーションに成功する者は保守的である。保守的たらざるをえない。彼らはリスク志向ではない。機会志向である。

第2部

企業家精神

INNOVATION
AND
ENTREPRENEURSHIP

第12章　企業家としてのマネジメント

企業家のための手引き

既存の企業であれベンチャーであれ、企業家精神には共通の原理がある。基本はまったく同じである。機能する方法も機能しない方法も同じである。イノベーションの種類と機会も同じである。いずれも体系的なマネジメントを必要とする。

とはいえ、既存の企業はベンチャーとは異なる問題、限界、制約に直面する。学ぶべきことも異なる。単純にいうと、既存の企業は既存の事業をマネジメントする方法は知っているが、いかに企業家たるべきか、いかにイノベーションを行うべきかを知らない。非営利の公的機関もまた、特有の問題に直面する。特有の学ぶべきことをもち、特有の間違いを犯す。そしてベンチャーも、いかに企業家たるべきか、いかにイノベーションを行うべきかを知らない。特に、いかにマネジメントを行うべきかを知らない。

したがって、既存の企業、公的機関、ベンチャーのそれぞれについて、企業家としてのマネジメントを実践するための具体的な手引きが必要である。何をなすべきか、何に気をつけるべきか、何を避けるべきかについての手引きである。

理屈からいえば、医学の勉強は胎児と新生児から始めるべきかもしれない。同じように、企業家精神についてもベンチャーから始めるべきかもしれない。しかし実際には、医学部の学生は成人の解剖と病理から始める。企業家精神についても、同じように「成人」、つまり既存の企業の戦略、実践、問題から始めることとしたい。

既存の企業、とりわけ大企業は、企業家としての能力を身につけない限り、急激な変化とイノベーションの時代を生き抜くことはできない。

しかもいまや、一九世紀後半、すなわち第一次世界大戦の勃発まで五〇年から六〇年続いた経済史上最後の偉大な企業家時代とは、まったく様相を異にする。あの頃、大企業はあまり多くなかった。中堅企業さえあまりなかった。したがって今日、既存企業が企業家としてのマネジメントを習得することは、彼ら自身のために必要とされるだけではない。彼らにはその社会的な責任がある。

一九世紀後半とは対照的に、既存の企業、特に大企業の急激な崩壊、すなわちシュンペーターがいうところの「創造的破壊」は、それだけでは、雇用上、金融システム上、社会秩序上、そして政府の役割上、深刻な社会的脅威を招きかねない。

企業は変化していかなければならない。何事があろうとも大きく変化していかなければならない。この壮大な転換期において、社会の安定を確実なものとするには、既存の企業が生き残り繁栄する術を学ぶ必要がある。そのためには企業家として成功するための方法を学ばなければならない。われわれは必要とされる企業家精神を既存の企業に期待せざるをえない。

しかも、既存の企業にこそ企業家的なリーダーシップの能力がある。それらの企業は必要な資源、とりわけ人材をもっている。すでに事業をマネジメントし、マネジメントのチームをつくりあげている。したがって既存の企業こそ、企業家としての機会をもち、その責任を負っている。

同じことが、公的機関すなわち政府機関や非営利組織についていえる。病院、学校、大学、地方自治体、さらには、赤十字、ボーイスカウト、ガールスカウトなど、コミュニティのボランティア団体についていえる。宗教団体や、職業別、業界別の団体についていえる。

急激な変化の時代には、それまで重要な地位を占めていたものの多くが陳腐化していく。少なくとも問題への取り組みの多くが無効となっていく。同時に、そのような時代には、新しい課題、実験、イノベーションの機会が生まれる。そして何よりも社会の支配的な認識や空気が大きく変化する。

一七七六年のアダム・スミスの『国富論』によって始まったレッセ・フェール（自由放任）の一世紀は、一八七三年の恐慌によって終わりを迎えた。その一八七三年から今日までの間、近代的、進歩的、前向きということは、社会的な変化や改革の機関としての役割を政府に期待することを意味した。しかし今日、良し悪しは別として、そのような期待は先進国では終わりを告げた。

われわれは、民営化、すなわちもろもろの活動を政府の手から政府以外のものの手に戻すことが、どこまでうまくいくか、どこまで行いうるかを知らない（民営化とは、私が『断絶の時代』〔一九六九年〕においてつくった造語である）。しかしわれわれは、もはやかつての約束に対する希望や期待や信念に基づいて、国有化や規制強化に向かうことはありえない。その方向に向かうことは不満と挫折の結果としてありうるだけである。

そしてそのような状況が、今日、公的機関に対し、企業家としてイノベーションを行うべき機会と責任をもたらしている。しかし公的機関は、まさに公的機関であるがゆえに特有の障害と課題に直面する。特有の間違いを犯すおそれもある。したがって公的機関における企業家精神については、既存の企業の企業家精神とは別に論じなければならない。

最後にベンチャーがある。ベンチャーは、過去のあらゆる企業家の時代においてそうであったように、また今日のアメリカの企業家経済においてそうであるように、イノベーションの主たる担い手でありつづける。

アメリカでは企業家の候補には事欠かない。ベンチャーが不足することはない。しかし、それらのほとんど、特にハイテクのベンチャーは、企業家としてのマネジメントについて多くを学ばなければならない。単に生き残るためにもそれらを学ばなければならない。

これら三種類の組織のいずれにおいても、企業家精神にあふれたリーダーと凡庸なリーダーとの格差は絶大である。しかし幸いにして、企業家精神の成功例もまた豊富である。企業家としての原理と方法のいずれについても、また診断と処方のいずれについても、体系的に提示することは十分に可能である。

第13章　既存企業における企業家精神

企業家たること

昔から、大企業はイノベーションを生まないという。確かにそのように見える。今世紀の大きなイノベーションは既存の大企業からは生まれなかった。

鉄道会社は自動車やトラックを生まなかった。そうした試みさえしなかった。他方、自動車メーカーは航空機産業に参入しようとした。フォードとGMは航空機産業のパイオニアだった。しかし今日の航空機メーカーは、自動車メーカーとは関係のないベンチャーから発展した。同じように今日の大手医薬品メーカーの大部分は、五〇年前に近代医薬が開発された頃はまったくの中小企業だったか、存在さえしていなかった。

電機メーカーの巨人たち、アメリカのGE、ウェスチングハウス、RCA、ヨーロッパのジーメンス、フィリップス、日本の東芝などは、いずれも一九五〇年代にコンピュータ分野に殺到した。だがいずれも成功しなかった。今日この分野を支配しているのは、四〇年前には中堅企業とさえいえなかった企業、しかも当時ハイテクとは無縁だったIBMである。

しかし、大企業はイノベーションを行わず、行うこともできないとの通念は半分も事実ではない。

まったくの誤解である。まず多くの例外がある。企業家としてイノベーションに成功した大企業の例は多い。

アメリカでは医療関係のジョンソン&ジョンソン、工業製品の3Mがある。世界最大の民間金融機関であるシティバンクは創立一〇〇年を超え、金融分野でイノベーションを行っている。ドイツでは世界最大の化学品メーカーの一つ、一二五年の歴史をもつヘキストが医薬品でイノベーションに成功している。スウェーデンでは一八八四年に設立され、いまから六、七〇年前に大企業になっていたASEAが、長距離送電や工場のオートメ化のイノベーションに成功している。

しかし大企業の場合、ある分野では企業家としてイノベーションに成功し、ある分野では失敗しているという事実が問題を複雑にする。

アメリカのGEは、航空機用エンジン、高級プラスチック、医療用電子機器では成功したが、コンピュータでは失敗した。RCAはカラーテレビでは成功したが、コンピュータでは失敗した。事態は単純ではない。

規模の大きさそのものはイノベーションや企業家精神の障害とはならない。確かに、よく問題にされる大組織の官僚的体質や保守的体質は、イノベーションと企業家精神にとって深刻な障害となる。しかし、それは中小の組織においても同じである。企業であれ公的機関であれ、最も企業家精神に乏しく最もイノベーションの体質に欠けているのは、むしろ小さな組織である。

既存の企業家的な企業には大企業が多い。世界にはそのような大企業が優に一〇〇社を超える。加えて年間売上げが五億ドル程度の中堅企業がある。これらの大企業や中堅企業とは対照的に、既存の小企業は企業家的な企業のリストにはあまり入ってこない。

イノベーションと企業家精神にとって規模が障害ではない。障害は既存の事業そのものであり、特に成功している事業である。ただし大企業や中堅企業は、小企業に比べるとこの障害をかなり容易に乗り越えている。

既存の工場、技術、製品ライン、流通システムは、マネジメントに対し絶えざる努力と不断の注意を要求する。日常の危機は常に起こる。延ばすことはできない。直ちに解決しなければならない。既存の事業は常に優先する。優先して当然である。

これに対し、新事業は成熟した既存事業の規模と成果には及ばない。常に小さく、取るに足りず、将来性さえ確実ではない。むしろ新しいくせに大きく見えるものこそ怪しむべきである。成功の確率はごく小さい。イノベーションに成功するものは小さく、しかもシンプルにスタートする。

多くの企業が、一〇年後の売上げの九〇％が今日存在していない製品からもたらされるという。多くの場合、これは誇張である。既存の製品の改善があり、手直しがある。市場と最終用途の拡大がある。逆に新製品のリードタイムは長い。現在成功している製品やサービスをもっている企業は、一〇年後もその収益の四分の三を今日の製品やサービス、あるいはその延長線上の製品やサービスから得ている可能性が大きい。それどころか、今日の製品やサービスが継続的に収益をもたらしてくれないならば、イノベーションに必要な投資もできなくなる。

したがって既存の企業が、企業家としてイノベーションに成功するには特別の努力を必要とする。既存の企業は、すでに存在する事業、日常の危機、若干の収益増へと、その生産資源を振り向けてしまいがちだからである。昨日を養い、明日を飢えさせる誘惑にかられるからである。それは死にいたる誘いである。イノベーションを行おうとしない企業は歳をとり衰弱していく。特に今日のように急激な変化の時代、企業家の時代にあっては、衰弱のスピードは急速である。ひとたび後ろ向きになれば、向きを戻すことは至難である。

既存の事業はイノベーションと企業家精神の障害となる。問題はまさに過去および現在の事業の成功にある。官僚的な体質や煩雑な手続き、あるいは自己満足などの病いではなく、現在の健全さにある。

だからこそ、常時イノベーションに成功している既存の企業、特に企業家として成功している大企業や中堅企業の例が重要な意味をもつ。それらの例は、成功がもたらす障害、すなわち既存の事業がもたらす障害が克服可能であることを示す。しかも既存の事業と新しい事業、成熟した事業と幼い事業の双方の成長が可能であることを示す。企業家、イノベーターとして成功している大企業、ジョンソン&ジョンソン、ヘキスト、ASEA、3M、あるいは少なからざる数の中堅企業が、いかにこれを実現したかを教えてくれる。

通念の誤りはその前提にある。イノベーションと企業家精神は、自然の衝動、自然の創造、自然の行動であるとしている。そして、イノベーションと企業家精神が大組織で生まれないのは、組織がそれを抑えているからだとしている。しかも、企業家としてイノベーションを行っている企業の少なさをもって、決定的な証拠としている。

企業家精神は生まれつきのものではない。創造でもない。それは仕事である。正しい結論は通念とは逆である。かなりの数の中堅企業、大企業、巨大企業が企業家としてイノベーションに成功しているという事実は、イノベーションと企業家精神がいかなる企業においても実現可能であることを示す。

ただし、そのためには意識的な努力が必要である。学ぶことが必要である。企業家的な既存の企業は、企業家精神の発揮を自らの責務とする。そのため自らに規律を課す。そのために働く。それを実践する。

企業家精神には四つの条件がある。

第一に、イノベーションを受け入れ、変化を脅威でなく機会とみなす組織をつくりあげなければならない。企業家としての厳しい仕事を遂行できる組織をつくらなければならない。そして、企業家的な環境を整えるための経営政策と具体的な方策のいくつかを実践しなければならない。

第二に、イノベーションの成果を体系的に測定しなければならない。あるいは少なくとも評価しなければならない。

第三に、組織、人事、報酬について特別の措置を講じなければならない。

第四に、いくつかのタブーを理解しなければならない。行ってはならないことを知らなければならない。

企業家精神のための経営政策

古代ローマのある詩人は、人を「新しいものを求める存在《レールム・ノバルム・クピトゥス》」と呼んだ。企業家精神のためには、組織の中の一人ひとりが新しいものを求める存在となる必要がある。

トップマネジメントは、いかにしてイノベーションに対する障害を克服するかに関心がある。しかし、たとえこの問題に答えがあったとしても、そもそも問題が間違っている。正しい問題は、いかにしてイノベーションを当たり前のこととし、それを望み、その実現のために働くようになるかである。

イノベーションを異質なものとして推進していたのでは何も起こらない。日常業務とまではいかなくとも、日常的な仕事の一つとする必要がある。そのためには、企業家精神のためのマネジメントといくつかの具体的な方策が必要である。
何よりも組織の一人ひとりにとって、イノベーションが既存の事業よりも魅力的かつ有益なものになるようにする必要がある。イノベーションこそ、組織を維持し発展させるための最高の手段であり、一人ひとりの成功にとって最も確実な基盤であることを周知させる必要がある。そのうえで、イノベーションの必要度を明らかにする必要がある。さらには、具体的な目標のもとに計画を立てる必要がある。

イノベーションを魅力的なものにするための第一の段階は、すでに活力を失ったもの、陳腐化したもの、生産的でなくなったものの廃棄を制度化することである。スタッフ活動についてはもちろんのこと、一つひとつの製品、工場、技術、市場、流通チャネルの継続の可否について三年ごとに判定しなければならない。

もし手がけていなかったとして、今日これからこの製品、市場、流通チャネル、技術を手がけるかどうかを問わなければならない。もし答えがノーであるならば、ほかのものを検討するのではなく、その製品、市場、流通チャネル、スタッフ活動に資源を浪費するのをやめるにはいかにすべきかを問わなければならない。

既存のものの廃棄が答えでないこともある。廃棄が不可能なこともある。しかしそのようなときでも、少なくともそれ以上の労力はかけないようにしなければならない。人材と資金という生産資源を、すでに過去となってしまったものに投じてはならない。

廃棄とは、あらゆる種類の組織が自らの健康を維持するために行っていることである。いかなる有機体といえども、老廃物を排泄しないものはない。さもなければ自家中毒を起こす。

既存のものの廃棄は、企業がイノベーションを行うようになるうえで絶対に必要なことである。

「翌朝絞首刑になることを知ることほど、人の心を集中させるものはない」とは、かのジョンソン博士（サミュエル・ジョンソン。イギリスの著述家。一七〇九～八四年）の言葉である。同様に、製品やサービスが近いうちに廃棄されることを知ることほど、関係者の心をイノベーションに集中させるものはない。

イノベーションには人間のエネルギーが必要である。有能な人材という最も稀少な資源による厳しい働きが必要である。しかるに、「死体が臭わないようにすることほど涙ぐましく、しかも不毛な仕事はない」とは昔からの諺である。私の知っている組織のほとんどにおいて、有能な人材がこの不毛な仕事を担当させられている。しかも彼らに期待できることは、膨大なコストをかけて避け難いことを若干先延ばしするだけである。しかし、死体が直ちに埋葬されることが知れ渡っていれば、イノベーションにも速やかに取り組めるようになる。

イノベーションを行うには、イノベーションに挑戦できる最高の人材を自由にしておかなければならない。同時に、資金を投入できるようにしておかなければならない。いずれも、過去の成功や失敗、特に惜しくも失敗したものや、うまくいったはずのものを廃棄しない限り不可能である。それらのものの廃棄が原則となっていれば、誰もが進んで新しいものを求め、企業家精神をかきたて、自ら企業家となる必要を受け入れるようになる。

これが第一の段階である。いわば組織の衛生学である。

既存の企業が新しい事業に貪欲になるための第二の段階は、製品、サービス、市場、流通チャネル、工程、技術にはいずれもライフサイクルがあることを前提として現状を把握することである。製品やサービスのライフサイクル分析は一九七〇年代以降、人気を集めている。ボストン・コンサルティング・グループの経営戦略論、ハーバード・ビジネススクールのマイケル・ポーター教授の戦略論、さらにはいわゆるポートフォリオ・マネジメントがある。

これらの理論はすべて、経営戦略についての最初の体系的著作である私の著書『創造する経営者』から出発している。同書の基礎は、一九五〇年代の後半、ニューヨーク大学ビジネススクールで私が教えていた企業家精神セミナーにある。私が同書において提示した製品とサービスを業績上の寄与、特性、寿命によって分類する方法は、それらのものの健康度とライフサイクルを分析するうえで有効である。

しかし、分析から得られるものは診断にすぎない。その診断にさえ判断が必要である。さらには事業、製品、市場、顧客、技術についての知識が必要である。分析に加えて経験が必要である。高度の分析手法を手にしただけのビジネススクール出たての若者が、コンピュータを駆使して事業、製品、市場について意思決定が行えるなどという考えはまやかしである。私が企業のレントゲン写真と名づけたこのライフサイクル分析にしても、正しい答えを自動的に出すためではなく、正しい問いを知るための道具にすぎない。分析とは、企業内のあらゆる知識と経験に対する挑戦である。それはまさに問題提起である。

ある製品を「今日の主力製品」として分類することは、リスクを伴う意思決定である。同じように「昨日の主力製品」あるいは「非生産的特殊製品」「独善的製品」として分類することも、リスクを伴う意思決定である。

第三の段階が、いかなるイノベーションを、いかなる領域において、いかなる期限で行う必要があるかを明らかにすることである。

最初に、製品、サービス、市場、流通チャネルを列挙し、それぞれがライフサイクルのどこに位置しているかを分析する。あとどれだけの期間成長するか、市場にありつづけるか、いつ成熟し衰退していくか、どれくらいの速さで陳腐化するかを分析する。次に、既存の事業にのみ限定して最善を尽くしていった場合、やがて企業全体がどのような状態になるかを明らかにする。

そして、売上げや市場シェアあるいは収益性について、現実に起こるであろうものと目標とのギャップを明らかにする。そのギャップは衰退を避けたいのであれば必ず埋めなければならない。埋めなければ企業そのものが死に向かう。少なくとも、このギャップを埋めるだけの企業家的な成果が必要である。しかも既存の事業が陳腐化する前にギャップを埋めなければならない。

つまるところ、イノベーションに確実性はない。失敗の可能性は大きく、遅れる可能性はさらに大きい。したがって、目標とするイノベーションの成果の大きさは、実際に必要な規模の三倍以上にしなければならない。経験の教えるところによれば、それでも大きすぎることはない。

あるイノベーションが期待以上の成果をあげることがある。しかし期待外れになることもある。そのうえイノベーションには予想以上に時間がかかる。予想を超えた努力が必要となる。確実にいえることは、最後の段階になって必ず問題や遅れが出るということである。したがって、イノベーションの成果の規模を目標の三倍に設定することはごく初歩的な心得である。

第四の段階が、これら廃棄の制度化と、既存の事業、製品、サービス、市場、技術についてのレントゲン写真による診断、およびイノベーションの必要度の把握により、イノベーションの目標と期限について企業家としての計画を立てることである。

そのような計画があって初めて、イノベーションのための予算は適切なものとなる。さらに重要なこととして、いかなる能力の人材をどれだけ必要とするかが明らかになる。実績のある人材を配置し、必要な道具、資金、情報を与え、曖昧さのない明確な期限を設けて、初めて計画を立てたことになる。誰もが知っているように、それまではよき意図と期待があるにすぎない。

これが企業家精神のための経営政策である。企業とそのマネジメントが、新しい事業に貪欲となり、イノベーションを健全かつ正常な活動と見るようになるための経営政策である。この経営政策は、企業のレントゲン写真、すなわち既存の事業、製品、サービス、市場の分析と診断を基礎とするがゆえに、既存の事業が新しい事業の犠牲になり、あるいは既存の製品、サービス、市場に付随する機会が単に新しいだけのものの魅力の犠牲になることを防ぐ。

企業のレントゲン写真は意思決定のための道具である。それにより既存の事業に資源を振り向けることが可能になる。同時に、明日の事業と新しい製品、サービス、市場を創造するうえで必要なものを決定することが可能になる。イノベーションの意図を実現することが可能になる。

既存の企業が企業家精神を発揮するには、自らの製品とサービスが競争相手によって陳腐化させられるのを待たず、自ら進んで陳腐化していかなければならない。新しい事業の中に、脅威ではなく機会を見出すようマネジメントしなければならない。今日とは違う明日をつくり出す製品、サービス、プロセス、技術のために、今日仕事をしなければならない。

企業家精神のための具体的方策

既存の企業において企業家精神を発揮するには、マネジメント上いくつかの具体的な方策がある。

第一に、最も簡単なこととして、マネジメントの目を機会に集中させなければならない。人は提示されたものは見るが、提示されていないものは見逃す。しかるに今日、マネジメントに提示されているものは、数々の問題、特に期待外れの分野の問題である。これは機会を見逃しているということである。そもそもマネジメントに対し機会が提示されていない。

中小の企業でも、マネジメントは通常、月に一度業務報告を手にする。その第一ページに列挙されているのは、業績が計画を下回った分野、不足した分野、問題のある分野である。そこで会議では問題に取り組む。午前中いっぱい問題の検討にとられる。もちろん問題には注意を払い、深刻に受けとめ、真剣に取り組まなければならない。しかし問題だけを検討していたのでは、機会は無視されたまま死んでしまう。

企業家精神が当たり前となるには、イノベーションの機会に注意を払わせるための特別の仕組みが必要である。報告書には第一ページを二つ付けなければならない。一つは、これまでと同様、問題を列挙すればよい。しかしもう一つは、業績が期待や計画を上回った分野を列挙する。なぜなら、事業における予期せぬ成功は、イノベーションの機会の兆候だからである。予期せぬ成功を調べなければ企業家精神を発揮することはありえない。

ところが、問題にのみ焦点を合わせる企業は予期せぬ成功の調査を時間の無駄とする。せっかく成功しているものをいじり回す必要があるのか、かき回さなくともうまくいっているではないかと考える。しかしその結果は、多少注意深く多少傲慢でないものが競争相手として登場してくるだけである。

したがって、企業家的な企業では二つの会議を開く。一つは問題に集中する会議であり、もう一つは機会に集中する会議である。

多くの有望な分野でトップに立っているある中堅医薬品メーカーでは、第二月曜と最終月曜の月二回経営会議を開いている。第二月曜の会議では問題を検討する。前月目標を下回ったり、半年前から目標を下回ったままのものを取り上げる。この会議はほかの企業の経営会議と変わらない。ところが最終月曜の会議では、目標を上回った分野や予期せぬ市場からの受注を取り上げる。

二〇年間で一〇倍の規模に成長したこのメーカーのトップマネジメントは、自社の成功が主として機会に集中したこの第二の経営会議によるとしている。しかも、実際に経営会議で見つけた機会の一つひとつよりも、そこで培われた機会を探す癖がもたらした企業家的な姿勢のほうが大きな意味をもっていたという。

第二に、このメーカーではマネジメント全体に企業家精神を浸透させるため、もう一つ別のことを行っている。

すなわち、半年に一度、事業部担当、市場担当、製品ライン担当のマネジメントの人間を四、五〇人集め、二日間に及ぶ戦略会議を開いている。初日の午前中をかけて、過去一年間企業家的なイノベーションにおいて優れた業績をあげた部門のマネジメントが報告をする。特に成功の要因を報告する。何を行ったか、いかに機会を見つけたか、何を学んだか、そして現在いかなるイノベーションの計画をもっているかを報告する。

ここでも、実際に会議でなされた報告よりも、その戦略会議に参加した者の姿勢や価値観に与える影響のほうが重要だったという。事実、参加者の多くが、この会議でいかに多くを学び、いかに多くのアイデアを得たか、いかに多くの計画を持ち帰り実行したかを強調している。

このように企業家的な企業では、優れた独自の仕事ができる人材や部門を常に探している。そうした人材や部門を特定し、脚光を当て、何をして成功したか、ほかの人がしていない何をしたか、ほかの人がしている何をしなかったかを聞く。

第三に、企業家的な企業では、トップマネジメントが自ら開発研究、エンジニアリング、製造、マーケティング、会計などの部門の若手と定期的に会っている。その会合では、トップ側が「今日はこちらから話をするのではなく、みなさんの話を聞きたい。みなさんの考え、特にこの会社のどこにチャンスがあり、どこに問題があるかを聞きたい。そして、新事業、新製品、新市場についての考えを聞きたい。もちろんわが社やわが社の方針について、あるいは業界や技術や市場におけるわが社の地位について質問があれば何でも聞いてほしい」という。

この種の会合は頻繁に開く必要はない。トップ側の時間の負担が大きい。若手二五人から三〇人と午後や夜の時間を過ごすのは、トップ一人につき年に二、三回でよい。

しかし、この種の会合は必ずもたなければならない。下から上へのコミュニケーションの機会であり、若手が狭い専門分野から離れ、企業全体を見る絶好の機会である。さらにトップマネジメントが何に関心をもち、それがなぜであるかを理解できるようになる。トップの側も若手の価値観、ビジョン、関心を理解できるようになる。そして何よりも、会社全体に企業家的なものの見方を浸透させることができる。

ただし、この種の会合でなされる提案については、一つだけルール化しておくべきことがある。それは、製品やプロセス、市場やサービスについて何か新しいことや新しい仕事の仕方を提案した者には、提案の具体化について責任をもたせることである。

提案者は、しかるべき期日までに、会合を主宰したトップと参加者全員に対し提案の具体化について報告することにする。さらには、その提案を実施すると何が起こるか、提案が意味をもつためには何をしなければならないか、顧客や市場について何を前提としているか、どれだけの資金と人材が必要か、どれだけの時間が必要か、いかなる成果を期待できるかを明らかにする。

この種の会合からは企業家的な考えが数多く生まれる。しかしここでも、それらの成果は会合から得られる最も重要なことではないという。最も重要な成果は、組織全体に企業家的なものの見方、イノベーションへの受容性、さらには新しいものへの貪欲さが浸透することだという。

イノベーションの評価

既存の企業が企業家精神を発揮するには、企業自らの業績評価にイノベーションの成果についての評価を組み込まなければならない。企業家的な成果を評価して、初めて企業家的な行動が生まれる。人も組織も期待に沿って行動する。

ところが、自らの業績評価にイノベーションの成果を入れている企業は驚くほど少ない。しかし、イノベーションの成果の測定、あるいは少なくともその評価を企業自らの業績評価に組み込むことは、特に難しいことではない。

第一に、一つひとつのプロジェクトについて成果を期待にフィードバックすることである。こうすることによって、自らの計画能力と実行能力の質と信頼性を知ることができる。

開発部門のマネジメントならば、プロジェクトに着手するとき、いかなる成果を期待するか、いつまでに成果を期待するか、いつ進捗状況を評価すべきかを考えなければならない。そして、必ず成果と期待を照らし合わせなければならない。そうすることによって、自分たちの得意や不得意を知ることができる。

このフィードバックは、開発研究だけでなく、イノベーションに関わるあらゆる活動について行わなければならない。自分たちの得意を知っておくためである。なぜかはわからないが、人というものはうまく行えることは、いくらでもうまく行えるからである。

もう一つには好ましくない傾向を知っておくためである。例えば、それは必要な時間を過小評価する傾向であり、逆に過大評価する傾向である。あるいは、開発研究の規模を過大評価しながら、その成果を製品やプロセスにつなげるうえで必要な資源を過小評価する傾向である。またよく見られることとして、まさに新しい事業が軌道に乗ろうとしているときに、マーケティングや販売促進の手を抜き、それまでの努力を無駄にする傾向である。

ある世界的な大銀行の一つは、自らの成功の要因として、韓国などの新市場への進出、あるいは機械リースやクレジットカードなど新しい事業への進出について、常に成果を期待にフィードバックさせてきたことを挙げている。この銀行は、そうすることによって、その後の新しい事業について「何を期待できるか、いかに早く成果を期待できるか、いつ、どれだけの人材と資金を動員すべきか」を正しく把握することができるようになったという。

このようなフィードバックのシステムは、イノベーションだけでなく、警備プログラムや給与体系、その他あらゆる種類の試みについて行う必要がある。

もちろん、成果を期待にフィードバックすることは、再検討が必要になることを示す兆候は何か、問題が起こりそうであっても実際にはうまくいくことを示す兆候は何か、さらには予想よりも時間がかかることを示す兆候は何かを知るうえで必要である。

第二に、イノベーションに関わる活動全体を定期的に点検していくことである。企業家精神を発揮するには、数年ごとに自らのイノベーションをまとめて評価していかなければならない。どのイノベーションに力を入れ推進するか、どのイノベーションが新しい機会をもたらすか、逆にどのイノベーションが期待どおりに進んでいないか、それらのイノベーションをどうするか、諦めるか、期限付きでさらに努力するかを考えなければならない。

ある大手医薬品メーカーでは、年に一度、トップマネジメントがイノベーションに関わる活動をすべて点検している。あらゆる新薬開発プロジェクトについて、望ましい方向に望ましい形で進んでいるか、製品ラインに加えられるか、それとも他社にライセンスを売ったほうがよいか、あるいは諦めたほうがよいかを検討している。

このメーカーでは、新薬の開発以外の分野、例えばマーケティングに関するイノベーションについても点検している。さらには競争相手のイノベーションについても点検している。このメーカーが開発研究費やその他のイノベーションにかけている費用は他社並みである。だがその実績は群を抜いている。

第三に、イノベーションの成果全体を、イノベーションに関わる目標、市場における地位、企業全体の業績との関連において評価することである。例えば五年ごとに、主な部門のすべてに対し、この五年間わが社を変えるようないかなる貢献を行ったか、これからの五年間どのような貢献を行うつもりかを問わなければならない。

とはいえ、そもそもイノベーションの成果は定量化できるのか、いかにすればできるのかという問題は残る。事実、イノベーションの成果が簡単には測定できない場合、あるいは厳密には測定すべきでない場合がある。

やがて癌の治療につながるかもしれない発見と、週三回の通院を不要にする医薬品の開発のいずれが重要だろうか。あるいは、重要な取引先を失わないための新サービスと、数年後にトップの地位を与えてくれるかもしれない新製品の、いずれが重要だろうか。そのようなとき、必要なことは測定ではなく判断である。判断といっても主観ではない。定量化できなくともよい。判断さえできれば、推測ではなく知識に基づいた行動が可能になる。

既存の企業にとって、特に重要な意味をもつ問いが、イノベーションにおいてリーダーシップをとっているかどうかである。あるいは、リーダーシップを維持しているかどうかである。リーダーシップは必ずしも規模と一致しない。それはリーダーとして受け入れられること、基準の設定者として認められることである。従わされるのではなく先頭に立つことである。これこそ既存の企業の企業家精神に関わる最も重要な基準である。

企業家精神のための組織構造

これらの経営政策と具体的な方策がそろって、初めてイノベーションと企業家精神が可能になる。障害を除去し、あるいは軽減することができる。イノベーションと企業家精神のための正しい姿勢をもたらし、適切な手段を手にすることができる。

だが、イノベーションを行うのは人である。人は組織の中で働く。したがってイノベーションを行うには、そこに働く一人ひとりが企業家になりうる構造が必要である。企業家精神を中心に諸々の関係を構築しなければならない。さらには、報酬、報奨、人事を企業家精神に報いるものにし、企業家精神を阻害するものにしてはならない。

新事業は、既存の事業から分離して組織しなければならない。企業家的な事業を既存の事業を担当する人たちに行わせるならば、失敗は目に見えている。

その理由の一つは、既存の事業は、それに責任をもつ人たちから膨大な時間とエネルギーを奪うからである。既存の事業にはそれだけの価値がある。新事業は既存の事業と比べるならば、さして期待のもてないつまらないものに見える。しかも悪戦苦闘するイノベーションを養ってくれるものは、既存の事業である。今日の危機に対しては今日対処しなければならない。したがって既存の事業に責任をもつ人たちは、イノベーションに関わる活動をすべて手遅れになるほど先延ばしにする。

われわれはすでに三、四〇年も前から、既存の事業を担当する人たちは、それらの事業の拡大、修正、調整しかできないことを知っている。新事業は別の人たちに担当させなければならない。

新事業の核となる人はかなり高い地位にあることが必要である。新事業の規模、売上げ、市場は既存の事業の比ではないかもしれない。しかしトップマネジメントの一人が、明日のためにその特別の仕事に責任を負わなければならない。専任である必要はない。特に中小の企業では専任が必要なほどの仕事量になることはない。だが、それは明確に定められた仕事であって、権限と権威をもつ者が全責任をもつものでなければならない。

通常そのような人は、企業そのものを企業家的たらしめるための経営政策、すなわち廃棄の制度化、レントゲン写真による企業診断、イノベーションの必要度の把握についても担当することになる。イノベーションの機会についての体系的な分析も担当する。さらに、若い人たちとのインフォーマルな会合から出てくる提案の評価にも責任をもつ。

イノベーションに関わる仕事、特に新事業、製品、サービスの開発を目的とする仕事は、原則としてすべて既存の事業のマネジメントではなく、このトップに直結させなければならない。既存の事業に責任をもつマネジメントのもとに、そのような仕事を置いてはならない。

ほとんどの企業、特に成功している企業では、そのような部門は異質の存在とされるに違いない。新事業はいわば赤ん坊であって、赤ん坊のままでいる期間は長い。赤ん坊を置くべきところは育児室である。成人すなわち既存の事業を担当する人たちには赤ん坊に割ける時間はない。理解もできない。そもそも関わっている余裕がない。

この原則を無視したために、ロボット産業におけるトップの地位を失った大手の工作機械メーカーがある。そのメーカーは、オートメ用工作機械の基本特許をもつだけでなく、優れたエンジニアリングと生産の能力をもっていた。しかし、いずれロボット業界のトップの地位を占めるものと見られていたが、一〇年後には完全に脱落していた。

そのメーカーは、オートメ用工作機械を担当する部門をトップから三つか四つ下のレベルに置き、在来型の工作機械の設計、生産、販売を担当する人たちのもとに置いていた。彼らは協力的だったし、事実ロボットは彼らが生んだものだった。

しかし現実には、彼らは既存の製品ラインを競争相手の日本企業から守るために、設計のやり直し、顧客への実物宣伝、マーケティング、資金の手当て、アフターサービスに忙殺されていた。赤ん坊の担当者が決裁を仰いでも、いまは忙しいから来週にしてくれといった。結局のところ、ロボットは期待にすぎなかったが、在来型の工作機械は毎年数百万ドルをもたらしていた。

残念ながら、これはよくあることである。新事業の息の根をとめることを防ぐおそらく唯一の方法は、それらのものを初めから独立した事業としてスタートさせることである。

そのような方法をとっていることで有名なメーカーがアメリカに三社ある。洗剤や食品の大手メーカー、P&G、医療および健康関連用品の大手メーカー、ジョンソン&ジョンソン、それに各種工業製品、消費者製品の大手メーカー、3Mである。これら三社は細かな点では異なっていても、基本的には同じ組織構造をもっていた。

いずれも新しい事業を初めから独立した事業としてスタートさせている。目標を達成し事業として一本立ちするか中止になるまで、専任のプロジェクト・マネジャーを置いている。しかもこのプロジェクト・マネジャーは、研究、生産、財務、マーケティングの専門家を必要なときに必要なだけ動員することができる。

もちろん複数のイノベーションを手がけている場合、トップマネジメントの一人がそれらのすべてを担当することもできる。技術や市場や製品が異なっても問題はない。いずれも企業家的な新事業であり、同じ小児病にかかる危険がある。企業家的な新事業が直面する問題やそれが必要とする意思決定は、技術、市場、製品の種類に関わりなく、すべて同類と見てよい。

新事業については、誰か一人が時間を割き、注意を払い、問題を理解し、意思決定を行うなど面倒を見なければならない。そして、このイノベーションを担当する者は、もっぱら赤ん坊のために働き、しかも見込みがなければ中止させることのできる高い地位になければならない。

新事業やイノベーションに関わる仕事を独立させて行う理由はもう一つある。それは負担を軽くするためである。新市場に参入したばかりの新製品に、既存の事業に課しているのと同じ負担を負わせることは、六歳の子供に六〇ポンドの重さのリュックを背負わせるようなものである。遠くまで行けるはずがない。

既存の事業については、会計、人事、報告のシステムが確立している。しかし新しい事業については、それらのシステムとは異なるシステム、ルール、評価基準が必要である。

例えば、新しい事業を担当する部門の人たちの企業年金への加入の問題がある。まだ拠出額に相当するものを稼ぎ出していない彼らにとっては、いま企業年金に加入するよりも、将来の利益の一端に直接あずからせてもらうことのほうが意味がある。

加えて報酬の問題がある。成人になっている事業では機能する報酬システムが、赤ん坊を殺すことがある。それでいながら、特に中核的な人材への適切な報酬とならないことがある。今日、大企業で人気のある資産収益率や投資収益率に連動させた報酬システムは、新事業にとっては障害となる。

私は、このことを何年も前に、ある大手化学品メーカーの例から知った。ある事業部では、ある新材料を開発しなければならないことを承知していた。開発研究の計画は手元にあり、基礎的な研究もすんでいた。だがそれ以上は何もしなかった。何か理由を見つけていた。

しかしあるとき、ついに事業部長が全社レベルの経営会議で発言した。「私をはじめ事業部のものは投資収益率に基づいて報酬を決められている。だがあの新材料の開発に資金を投入すると、事業部の収益率は少なくとも四年間は半減する。そもそも会社がそのような低い収益率を我慢してくれるかどうか疑問である。たとえ収益率があがり始める四年後まで誰も首にならなかったとしても、事業部のマネジメント全員の報酬が大幅に下がることになる。私としてはそのようなことはできない」

こうしてようやく、新材料の開発費は、報酬の基礎となっていた投資収益率の計算から外された。その結果、一年半後には無事新材料が開発された。二年後には今日まで維持することになった業界トップの地位がもたらされた。事業部の利益も四年後には倍増した。

しかし、イノベーションに関わる活動に対する報酬と報奨については、何を行ってはならないかを明らかにするよりも、何を行うべきかを明らかにするほうが難しい。

行うべきことはかなり矛盾している。新しい事業に、担えるはずのない負担を負わせてはならない。しかし、新しい事業を担当する人たちを、しかるべき報酬によって動機づけなければならない。つまり、新しい事業を担当する人たちに過度の報酬は払えず、といって報酬を下げることも現実的ではない。しかも既存の企業において新しい事業を担当する人たちは、もともとかなりの収入を得る能力のある人たちである。内外を問わずどこにいても高い報酬を得られる。

したがって当初の報酬は、新事業を担当する直前の水準に合わせておくことが妥当である。そして、新製品や新市場あるいは新サービスの開発に成功し事業として発展させた暁には、3Mやジョンソン&ジョンソンのように担当副社長や事業部長に任命し、相応の地位やボーナスあるいはストックオプションを与えるようにすべきである。これはかなりの報酬である。しかし企業にとっては成功報酬にすぎない。

あるいは、税制次第ではあるが、新事業による利益の一部を担当者に直接与えてもよい。例えば新しい事業を独立した企業とみなし、その株式の二五%分を与えて後日その持ち分を買い取ってもよい。

しかしそれだけでは十分ではない。新事業を担当する人たちはいわば冒険をしているのであって、企業の側も相応のことをしなければ公平とはいえない。イノベーションを担当する人たちは、たとえ失敗しても元の仕事、元の報酬に戻れるようにしておかなければならない。失敗をほめる必要はなくとも、挑戦に罰を与えてはならない。

評価測定の方法

個別の報酬の問題からも明らかなように、イノベーションの収益パターンは、既存の事業とは異なる。したがって、評価測定の方法も異なるものにしなければならない。既存の事業や製品については、毎年一五％の税引前利益と年間一〇％の成長という目標は意味がある。だが、新しい事業についてては意味をなさない。ある意味では高すぎ、ある意味では低すぎる。

新事業は長い間、往々にして数年間は利益も成長ももたらさない。資源を食うだけである。しかし突然成長し、開発に要した資金の五〇倍以上を回収する。さもなければ、イノベーションとして失敗である。イノベーションは小さく始まり、大きく実を結ぶ。だがそのためには、そもそもの初めから、小さな特殊製品の開発や既存製品の若干の充実といったことではなく、大きな新事業を生むべきものとして始めなければならない。

イノベーションがもたらすべきものについては、過去の経験からのフィードバックによってのみ知ることができる。

「イノベーションのための期間をどの程度見るべきか」「資源の投入のタイミングは、いつが適切か」「最初から人材と資金を大量に投入すべきか、それとも最初は担当者を一名とし、一人か二人の助手をつけるだけにすべきか」「それでは、いつ規模を拡大するか」「いつ、開発段階から利益をあげる事業に発展させるべきか」。これらの問いこそ重要である。答えは本の中にはない。しかも、主観や勘、あるいは理屈では答えられない。

とはいえ、真に企業家的な企業は、自らの産業、技術、市場におけるイノベーションのパターン、リズム、タイムスパンを知っているものである。

例えば前述のイノベーション志向の銀行では、海外で子会社を設立するにあたって、少なくとも三年は投資を続けるべきことを知っている。四年目で単年度の収支を合わせ、六年目の中頃までに、投資した資金をすべて回収する必要がある。六年経っても投資を続けなければならないようでは、そのイノベーションは失敗であり撤退すべきである。その銀行では、リース業などの新しいサービスへの進出についても、期間はやや短いが同じサイクルがあるとしている。

P&Gも、新しい製品は、開発に着手して二、三年後には市場で売れるようにしなければならないとしている。しかもその一年半後には、リーダー的な製品となっていなければならない。

IBMも、新しい製品は五年で市場に出している。そして、発売後一年で急成長しなければならないとしている。二年目のかなり早い時期には、市場トップの地位を得て利益をあげ、三年目の早い時期には資金を回収し、五年目には売上げのピークに達し、以降はその水準を維持しなければならない。しかもその頃には、次の新製品がそれを陳腐化させ始める。

これらのことを知るには、自社と競争相手のイノベーションの実績を体系的に分析しておかなければならない。すなわち、イノベーションの成果を期待にフィードバックさせ、企業家としての業績を定期的に評価しておく必要がある。

こうして、イノベーションからいかなる成果を期待すべきであり、期待できるかを理解して、初めてイノベーションのための活動をコントロールすることが可能になる。そして、新しい事業を担当する部門と、その管理者の仕事ぶりを評価することもできるようになる。いずれの活動を推進すべきか、見直すべきか、廃棄すべきかを決定できるようになる。

ここで必然的に、これらのことがすべて必要だろうかという疑問が生じてくる。かえって企業家精神や創造性を殺すことにならないだろうか。絶対に必要なことだろうか。この疑問への答えは、「必要ないかもしれない。しかし、これらのことを抜きにしてはあまりうまくいかないし、長続きもしないであろう」というものである。

企業家精神については、トップマネジメント、特にＣＥＯ（最高経営責任者）の個性や姿勢が取り上げられることが多い。もちろんトップは社内の企業家精神を傷つけ殺すことができる。新しい考えにことごとくノーといい、それを何年か続ければよい。新しい考えをもつ人たちが報酬や昇進を得ることのないようにし、すぐ辞めてしまうようにすればよい。

しかし、企業家精神についての文献の多くがいうほど、トップマネジメントの個性や姿勢だけで企業家的な事業を生み出すことはありえない。私が知っている企業の中にも、創業者自身が独自のマネジメントをしている企業がいくつかあった。しかしそれらの企業は、たとえ最初のうちは成功しても、企業家としてのマネジメントを行わなかったために、すぐに企業家的ではなくなっていた。

トップマネジメントの個性や姿勢だけでは十分でなくなるのは、中堅企業でさえすでにかなりの規模だからである。中堅企業といえども、行うべきことを知り、それを行おうとし、それを行うための手段を手にする大勢の人たちを必要とする。実際にそのような人たちがいなければ、すべてが口先に終わる。企業家精神もＣＥＯのスピーチに出てくるだけになる。

私の知る限り、創業者が企業家精神のためのマネジメントを組織の中に確立していなかった企業で、創業者がいなくなっても企業家的でありつづけたところは一つもない。

企業家としてのマネジメントを欠くならば、あらゆる企業が数年で臆病になり後ろ向きになる。しかも通常そのような企業は、自分たちを抜きんでた存在にした基本的な特質が失われたことを手遅れになるまで認識できない。これを認識するためにも、既述した企業家的な成果の測定が不可欠である。

創業者のマネジメントのもとでとりわけ優れた企業家的事業を行っていた二つの企業、ウォルト・ディズニー・プロダクションとマクドナルドが、そのよい例だった。それぞれの創業者ウォルト・ディズニーとレイ・クロックは、想像力と活力にあふれ、創造性、企業家精神、イノベーションのかたまりのような人だった。どちらも日常業務のための強力なマネジメントをつくりあげた。

だが彼らは、企業家的な責任を一人でもちつづけた。いずれも自らの企業家的な個性に頼り、組織に企業家精神を定着させなかった。その結果、彼らが亡くなって数年後には、いずれの企業も活力を失い、後ろ向きになり、臆病になり、防衛的になっていた。

これに対し、企業家的なマネジメントを組織構造の中に確立していた企業、P&G、ジョンソン&ジョンソン、マークス&スペンサーは、CEOの交代や景気の動向に関わりなくイノベーションと企業家精神のリーダーでありつづけた。

企業家精神のための人事

イノベーションと企業家精神のために、いかに人事を行うか。そもそも既存の企業に企業家なるものは存在しうるか。企業家とは、既存の企業には生息していない特殊な人種だろうか。

この問題を扱っている文献はたくさんある。企業家的な個性やイノベーションしか行わない人物についての物語は多い。しかし経験の教えるところによれば、それらの議論にはほとんど意味がない。そもそも企業家的であることが苦手な人たちが、進んでそのような仕事を引き受けるはずがない。はなはだしいミスマッチは起こりようがない。

イノベーションと企業家精神の原理と方法は誰でも学ぶことができる。ほかの仕事で成果をあげた者は企業家としての仕事も立派にこなす。企業家的な企業では、誰が仕事をうまく行えるかを心配する必要はない。あらゆる性格と経歴の人たちが同じようによい仕事をしている。

3Mでは、トップマネジメントにアイデアを提案する若手の技術者は、実際に自分でそれを手がけるものとされている。

また、企業家的な事業に成功した人たちのその後についても心配する必要はない。確かに新しいものを始めることには興味があるが、その後のマネジメントはしたくないという人はいる。まだイギリスに乳母なるものがいた頃、彼女たちの多くは赤ん坊が口をきき、歩くようになり、もはや赤ん坊ではなくなると辞めていった。しかし、赤ん坊が子供へと育った後も世話をすることに抵抗を感じず、そのままとどまる乳母も大勢いた。そもそも企業家以外のものになりたくない人たちは、初めから既存の企業にそう多くはない。いわんや既存の企業で成功することなどさらにない。

既存の企業において企業家として優れた仕事をする人たちは、通常それ以前に日常のマネジメントでも能力を示している人たちである。イノベーションを行うことと、既存の事業をマネジメントすることの両方を行えるとみてよい。

P&Gや3Mにも、一つのプロジェクトを成功させるや直ちに新しいプロジェクトに着手する人たちがいる。しかし両社においても、マネジメントの上層部のほとんどは、プロジェクト・マネジメント、プロダクト・マネジメント、マーケット・マネジメントというように、全社的な高い地位に順次のぼってきている。ジョンソン&ジョンソンやシティバンクについても同じことがいえる。

企業家精神とは個性の問題ではなく、行動、原理、方法の問題であることを最もよく示す事実として、アメリカでは大企業を辞めた後、第二の人生として企業家の道を選ぶ中高年が急増していることが挙げられる。

大企業で二五年、三〇年を過ごしてきたマネジメントや専門職の人たちが、自分にとっての最終ポストに達したことを知って早期退職する。五〇歳、五五歳で企業家として独立する。特に技術系の人たちはベンチャーを顧客とするコンサルタントになる。あるいはベンチャーのマネジメントに参加する。彼らの多くが新しい仕事に成功する。アメリカ退職者協会の機関誌『モダン・マチュリティ』には、そのような人たちの成功物語や、そのような人たちを求めるベンチャーの広告がたくさん載っている。

私が教えていたCEO向けのセミナーには、そのような第二の人生を歩みつつある企業家が何人もいた。私は彼らに、大企業で働いていた当時、企業家的な個性に特有の欲求不満や挫折を感じたことがあったかどうかを聞いてみた。

ところが、彼らはその質問自体がおかしいと答えた。そこで、私は仕事の性格が変わったことで苦労はなかったかと聞いた。彼らはその質問もおかしいといった。彼らの一人はこういった。「優れたマネジメントというものは、どこへ行っても優れたマネジメントである。かつて私がいた売上げ数十億ドル、年間利益一億八〇〇〇万ドルのGEの一部門だろうと、現在私が働いている売上げ六〇〇〇万ドルの医療機器のベンチャーだろうと違いはない。もちろん仕事の内容ややり方は違う。だが考え方や分析の仕方は同じだ。一〇年前に技術畑からマネジメントの仕事に移ったときよりも、今度の転職のほうが簡単だった」。この発言にはほかの出席者もうなずいていた。

もちろん、企業家的なプロジェクトを成功させるには、組織の構造が適切でなければならない。諸々の関係が適切でなければならない。報酬や報奨がふさわしくなければならない。しかし誰にイノベーションのための部門を担当させるか、彼らが成功した後の処遇をどうするかという問題は、裏づけのないあれこれの心理学ではなく、あくまでも人物本位で決めることである。

企業家的なプロジェクトのための人事もほかの人事と同じである。リスクが伴う。人事には常にリスクが伴う。もとより人事の決定は慎重かつ細心に行わなければならない。適切に行わなければならない。徹底的に考えなければならない。大勢の候補を挙げなければならない。一人ひとりの実績を調べなければならない。一人ひとりについて、一緒に働いたことのある者からヒアリングをしなければならない。これらはあらゆる人事に当てはまる。しかも企業家的な仕事のための人事の平均打率は、ほかの人事のそれと変わることはない。

企業家精神にとってのタブー

既存の企業が企業家的たるためには行ってはならないことがいくつかある。

最も重要なタブーは管理的な部門と企業家的な部門を一緒にすることである。企業家的な部門を既存の管理的な部門のもとに置いてはならない。既存の事業の運営、利用、最適化を担当している人たちにイノベーションを任せてはならない。既存のもののための原理や方法を変えることなく企業家的たろうとしても無理である。失敗は必至である。片手間に企業家的たろうとしてもうまくいかない。

この一〇年ないし一五年、アメリカの大企業の多くがベンチャーと合弁事業を組んでいるが、成功したものはあまりない。ベンチャーの企業家は官僚的、形式的、保守的な大企業の原則、ルール、文化に息を詰まらせる。彼らのパートナーとなった大企業の人間も、ベンチャーの企業家の行うことが理解できない。彼らが規律に欠け、粗野で、夢想家に見える。

大企業が企業家として成功するのは、多くの場合、自らの人材によって新しい事業を手がけたときである。互いに理解しあえる人たち、信頼しあえる人たち、仕事の進め方を知っている人たち、パートナーを組める人たちと仕事をしたときである。

もちろん、企業全体に企業家精神が浸透していること、すなわち企業全体がイノベーションを望み、イノベーションに手を伸ばし、イノベーションを必然の機会として見ていることが前提である。組織全体が新しいものに貪欲になっていなければならない。

いかなる組織であろうと、得意とする分野以外でイノベーションを行おうとしても成功することはない。イノベーションは多角化であってはならない。いかなる利点があるにせよ、多角化はイノベーションや企業家精神と相容れない。理解していない分野で新しい試みを行うのは難しいからである。

既存の企業がイノベーションを行うことができるのは、市場や技術について卓越した能力をもつ分野である。新しいものは必ず問題に直面する。そのとき、その事業に通暁していなければならない。多角化は市場や技術について既存の事業との共通性がない限り、うまくいかない。たとえ共通性があったとしても、多角化はそれ自体に問題がある。

多角化に伴う問題に企業家精神に伴う問題が加わったら、結果は最悪である。イノベーションは自らが理解しているところでしか行えない。

最後に、ベンチャーを買収することによって企業家的になろうとしてはならない。買収は、買収先の企業にかなり早い段階からマネジメントを送り込まない限り成功しない。買収された側のトップマネジメントが長くとどまることはほとんどない。オーナーならば、すでに金持ちになっている。雇われ経営者ならば、さらに厚遇されそうな場合しかとどまらない。したがって買収した側は、買収後一、二年のうちに、買収された側にマネジメントを送り込まなければならなくなる。

このことは、特に企業家的でない企業が企業家的な企業を買収したときにいえる。買収されたベンチャー側のマネジメントは、新しく親会社となった企業の人たちとは一緒にやっていけないことを知る。その逆も起こる。私自身丸ごと買収がうまくいった例を知らない。

この急激な変化の時代にあって、イノベーションを行い、成功し、繁栄したいのであれば、企業家的なマネジメントを自らの組織に構築しなければならない。大企業であれ中小企業であれ、既存の企業が企業家として成功するには、企業家的な企業としてマネジメントしなければならない。

第14章　公的機関における企業家精神

イノベーションを行えない理由

政府や労働組合、さらには教会、大学、学校、病院、NPO（非営利組織）、慈善団体、職業別団体、業界団体などの公的機関も、企業と同じように企業家としてイノベーションを行わなければならない。むしろ企業以上に企業家的であることが必要である。

公的機関にとって、今日のような社会、技術、経済の急激な変化は、企業にとって以上に脅威であってしかも機会である。しかし、公的機関がイノベーションを行うことは、最も官僚的な企業と比べてさえはるかに難しい。既存の事業が企業の場合よりも、さらに大きな障害となる。

あらゆる公的機関は大きくなることを好む。利益という評価手段がないために規模をもって評価基準とする。成長を目標とする。なすべきことは常に多い。公的機関では、既存の事業をやめて新しい事業を始めることは異端とされる。少なくとも耐えがたい苦痛となる。事実、公的機関におけるイノベーションのほとんどは、外部の人間によって、あるいは何らかの破局によってもたらされている。

公的機関にイノベーションや企業家精神が見られないのは、退嬰的な月給泥棒、権力マニアの政治屋の抵抗によるものとされている。この説はおよそ五〇〇年前にマキャヴェリが指摘したときでさえ、もはや目新しい説ではなかった。その後の変化は誰が唱えるかだけだった。今世紀の初めにはリベラルが指摘した。今日ではいわゆる新保守派が指弾している。

事態はそれほど単純ではない。改革論者の万能薬たる人の入れ替えによる解決は幻想にすぎない。最も企業家的なイノベーション志向の人たちさえ、公的機関、特に政府機関のマネジメントのポストに置かれるならば、半年後には最低の月給泥棒、権力マニアの政治屋となる。

公的機関において、イノベーションと企業家精神を阻害するのは、公的機関そのものに内在する固有の力学である。

似た例が、企業内の公的機関ともいうべき企業のスタッフ部門である。それらの部門の多くは、競争的な市場において成果をあげていた事業部門出身の人たちによって率いられている。しかし、それでも企業のスタッフ部門はイノベーションを行うことができない。スタッフ部門は自らの王国を築くことに長けている。常に、より多くの同じ種類のことを行おうとする。すでに行っていることをやめることに抵抗する。自らの地位を確立したスタッフ部門があえてイノベーションを行うことはほとんどない。

公的機関では、既存の事業がイノベーションの障害となりやすい原因が三つある。

第一に、公的機関は成果ではなく予算に基づいて活動する。他のものの稼ぎから支払いを受ける。納税者や寄付者から支払いを受ける。企業の人事部門やマーケティング部門の場合には同じ企業の事業部門から支払いを受ける。

予算は活動が大きいほど大きくなる。しかも公的機関の成果は業績ではなく、獲得した予算によって評価される。活動の一部を切り捨てることは自らの縮小を意味する。それは地位と権威の低下を意味する。もちろん失敗を認めることはできない。さらに悪いことには、目標の達成さえ認めることができない。

第二に、公的機関は非常に多くの利害関係者によって左右される。市場で製品を販売する企業では、消費者がほかのあらゆる関係者よりも優先される。株主、従業員、地域社会などの関係者を満足させるのは、消費者を満足させたあとである。

公的機関は、活動の成果が収入の原資になっていないために、あらゆる種類の関係者が拒否権をもつ。あらゆる人たちを満足させなければならない。いずれとも不和になる余裕はない。しかも、事業を開始した瞬間から廃止や修正を拒否する関係者を抱える。

そして新しい事業は常に疑いの目をもって見られる。新しい事業は、自らを支持してくれる関係者をもつ前に既存の事業の関係者から反対を受ける。

第三に最も大きな障害として、つまるところ、公的機関は善を行うために存在する。自らの使命を道義的な絶対とし、費用対効果の対象とはみなさない。

経済の世界では、より大きな成果を得るために常に資源の配分を変える。経済の世界ではすべてが相対的である。しかるに、公的機関においてはより大きな成果などというものは存在しない。善を行うのであれば、より大きな善などというものは存在しない。目標を実現できないことは努力を倍加すべきことを意味する。予想した以上に悪の力が強かっただけのことであり、さらにいっそう闘わなければならない。

何千年も前から、あらゆる宗教の伝道師たちが肉欲に克つべきことを説いてきた。ところがほとんど成功していない。だがこの事実は、彼らの活動の是非にとっては関係のないことである。確実に成果を生むことのできる使命に力を入れるべきであるといっても耳を貸してもらえない。

努力を倍加すべき理由にされるだけである。肉欲に克つことは、倫理の問題であって費用対効果を超えた絶対のものである。

もちろん、自らの目標をこの種の伝道師ほどに絶対視している公的機関はさほどない。しかし企業の人事や製造部門のスタッフさえ、自らの任務は善を行うことであり、費用対効果を超えた絶対のものであると考える傾向がある。

飢餓撲滅運動のリーダーは、「地球上に飢えている子供が一人でもいる限り、われわれの使命は終わらない」とする。「現在の配給システムが到達しうる地域の子供たちの可能な限り多くが発育不全にならないだけ食べられるようになれば、われわれの使命は終わる」などといおうものなら、リーダーの地位を追われるだけである。

目標が最大化にあったのでは、目標は決して達成されることがない。それどころか達成に近づくほどいっそうの努力が求められる。なぜならば、（目標の七五％あるいは八〇％という）最適値を超えるや、得られる成果は指数関数的に小さくなり、必要とされるコストは指数関数的に大きくなるからである。こうして公的機関は目標の達成に近づくほど不満を大きくし、よりいっそう力を入れることになる。しかも成果があがらなくとも、成果があがっているときと同じように行動する。

公的機関は、イノベーションや新しい事業を、自らの基本的な使命、存在、価値、信念に対する攻撃として受けとる。これがイノベーションにとって深刻な障害となる。これこそが、公的機関におけるイノベーションが、なぜ既存の機関からではなくベンチャー的な機関から生まれるかの理由である。

もちろん公的機関の中には、既成の大組織を含めイノベーションを行っているものも多い。

アメリカのあるカトリック司教区では、百貨店の元人事担当副社長という既婚女性を事務長に任命するとともに、秘蹟を除くあらゆる活動を一般信者に任せた。その結果、全米の司教区が司祭不足に悩んでいる中にあって、この司教区だけは司祭の数に余裕をもち、秘蹟を充実させている。

学術団体の中でも最も歴史のあるアメリカ科学振興協会は、一九六〇年から八〇年にかけて自らの性格づけを変え、科学界のリーダーとしての地位を維持しつつ国民的組織へと脱皮した。そして週刊の機関誌『サイエンス』を、科学政策に関する権威ある解説誌、素人にもわかる充実した大衆誌へと刷新した。

アメリカ西海岸のある大病院は、一九六五年頃、アメリカの医療制度が変化しつつあることを知った。ほかの都市部の病院が病院のチェーン化や外来診療センターの設立という趨勢に抵抗していた中で、自ら進んでイノベーションを行い、変化の先頭に立った。アメリカで初めて宿泊中心の格安の助産センターを設置し、外来の外科センターをつくった。さらには地域の小病院をチェーン化した。

二〇世紀初めに創設され、数百万人の隊員を擁するアメリカのガールスカウトは、一九七五年頃から、隊員、活動、ボランティアの三本柱についてイノベーションを行った。黒人、アジア系、ラテン系に働きかけた。その結果、今日ではマイノリティの子供たちが全隊員の五分の一を占めるにいたった。また、女性の専門職や経営管理者が一般化したことを受けて、主婦や看護婦に加えてキャリアウーマンを役割モデルとして訓練プログラムの内容を変えた。

ガールスカウトは、ボランティアの供給源だった専業主婦の減少にも見舞われた。しかし、ボランティアとしての仕事を、働く母親にとって自分の子供と楽しみつつ、その成長に手を貸すための魅力ある機会とした。

さらには、幼い自分の子供に十分な時間を割けない働く母親たちのために、就学前の女の子を隊員とするスカウトをつくった。こうしてガールスカウトは、隊員とボランティアを減少させるどころか増加させることができた。その間、歴史があり、資金的にも豊かで規模も大きかったボーイスカウトは低迷を続けた。

公的機関の企業家原理

これらの成功例から、われわれは公的機関がイノベーションを行ううえで必要な企業家原理を示すことができる。

第一に、公的機関は明確な目的をもたなければならない。自分たちは何をしようとしているのか。なぜ存在しているのか。個々のプロジェクトではなく、目的そのものに的を絞らなければならない。個々のプロジェクトは目的のための手段である。一時的なものであり、しかも短命なものと考えなければならない。

第二に、公的機関は実現可能な目標をもたなければならない。目標は空腹の根絶ではなく飢餓の減少でなければならない。公的機関は実現可能な目標を必要とする。達成したといえる目標を必要とする。実現が不可能であってはならない。完全なる正義の実現は永遠の課題である。いかに控え目にいっても正義が完全に実現することはありえない。

ほとんどの目標は、最大ではなく最適の水準をもって規定することができる。またそのように規定する必要がある。そうして初めて「達成した」ということができる。

このことは、これまで初等教育が目標としてきたこと、すなわち就学年限の延長についていえる。先進国ではすでにこの目標は達成されている。しかしそれでは、今日教育は何を目標としなければならないのか。単に学校に行くことを超えた意味における教育とは何を意味するのか。

第三に、公的機関は、いつになっても目標を達成することができなければ、目標そのものが間違っていたか、あるいは少なくとも目標の定義の仕方が間違っていた可能性のあることを認めなければならない。公的機関といえども、目標は、大義ではなく費用対効果に関わるものとしてとらえなければならない。いかに努力しても達成できない目標は、目標として間違っているとすべきである。目標を達成できないからといって、さらに努力すべき理由としてはならない。

数学の世界ではすでに三〇〇年前に明らかにされているように、成功の確率は回を追うごとに下がる。常に前回の半分以下となる。したがって、目標を達成できないということは、公的機関の多くが考えることとは逆に、目標そのものの有効性を疑うべき理由となる。

第四に、公的機関は、機会の追求を自らの活動に組み込んでおかなければならない。変化を脅威ではなく機会として見なければならない。前述の公的機関がイノベーションに成功したのも、そのためだった。

アメリカのカトリック教会では、第二次世界大戦後、高学歴の信者が急増した。司教区のほとんどがこの変化を脅威とし、少なくとも問題とした。高学歴の信者は司祭の言いなりにはならな

い。しかも彼らには、教会の構造や統治において果たすべき役割がなかった。他方、一九六五年あるいは七〇年頃から司祭になる若者が急減した。司教区のほとんどがこの事態をも大きな脅威と見た。しかしある司教区が、この二つの変化を機会としてとらえた。

アメリカの病院は、一九七〇年あるいは七五年頃から医療に変化が生じていることを知った。病院のほとんどがその変化に抵抗した。そのような変化は破壊的であるとした。しかし、そこに機会を見た病院が一つだけあった。

アメリカ科学振興協会は、科学に関連する仕事に従事する人たち、および科学的な知識をもつ人たちの増加を、科学界および一般社会において指導的な地位を築くうえでの機会としてとらえた。

ガールスカウトは、人口構造の変化を見て「いかにして機会に変えることができるか」を自問した。

政府機関でさえ、企業家的たるためのこれら四つの簡単な原理を適用することによってイノベーションが可能となる。ここに一つの例がある。

一二〇年前、ネブラスカ州リンカーン市は、先進国で初めて、公共輸送、電力、ガス、水道などの公的サービスを市営にした。そのリンカーン市が、女性市長ヘレン・ブーサリスのもとに、この一〇年間で、ごみ収集やスクールバスなどの公的サービスを民営化し、コストを大幅削減すると同時にサービスを改善させた。市が予算を組み、競争入札によって民間の事業者に委託した。競争を通じて、サービスの質、効率、信頼性を向上させるとともに、コストの削減を実現した。

既存の公的機関におけるイノベーションの必要性

なぜ既存の公的機関におけるイノベーションがそれほど重要とされるのか。既存の公的機関はそのままにしておき、必要なイノベーションは新しい公的機関をつくり、それに行わせることはできないのか。歴史上われわれは常にそのようにしてきたではないか。

答えは、今日の先進国では、既存の公的機関がすでにあまりに大きな存在になっていることにある。公的部門は、政府機関であれ、非政府のＮＰＯであれ、今世紀に入って以来、民間部門よりも急速に伸びてきた。おそらく三倍から五倍の速さだった。この伸びは第二次世界大戦以降、さらに速くなった。

公的機関の伸びが大きすぎた。いまやそれは可能な限り営利事業に転換しなければならない。ネブラスカ州リンカーン市が民営化したような公共サービスについてだけではない。すでにアメリカでは非営利から営利への転換が進行中である。今後は専門教育や大学院教育の分野でもそれが進む。先進国において、すでに高額所得を得ている人たち、専門的な学位をもつ人たちに対する補助金はもはや正当化できない。

今後二〇年から三〇年の間、先進国経済の中心的な課題は資本形成である。われわれには、資本形成に資する事業、すなわち利益をあげる事業として組織できるものを、資本を費消する事業、非営利の事業として運営する余裕はない。

それでも今日、公的機関によって行われている事業のきわめて多くは、依然として社会的サービスとして残る。すべてをなくしたり転換したりできるわけではない。したがって、それらの事業を成果のあがる生産性の高いものにしなければならない。これが、既存の公的機関にイノベーションを行わせ、企業家的にマネジメントしなければならない理由である。

そのためには、公的機関は、この急激な変化の時代にあって、社会、技術、経済、人口構造の変化を機会としてとらえなければならない。さもなければ公的機関は単なる邪魔物となる。環境が変化する中にあって、もはや機能しなくなった事業やプロジェクトに固執しているようでは、いかなる役割も果たせない。そのうえ果たせなくなった役割を放棄できず、放棄しようともしなくなる。

その結果、公的機関は、一三〇〇年頃に社会的機能を失った中世の封建領主、すなわち他の機関を妨げ食いものにするだけの寄生虫に似た存在となっていく。存在の正統性を失い、自己満足的な存在となっていく。

しかしそれでも社会は、新しい挑戦、ニーズ、機会を伴う急激な変化の過程にあって、公的機関を必要とする。

アメリカでは、機会と危険の両方の存在を示すよい例として公立学校がある。アメリカの公立学校は、積極的にイノベーションを行わなければ、スラム街のマイノリティ用としてしか生き残れない。アメリカは史上初めて、都市や郊外の公立学校に貧しい人たちしか入学しなくなるという危機に直面している。改革に必要なことはすでに明らかである。したがって、今日のような状況は公立学校自体に責任がある。

ほかの公的機関も状況は似ている。すでに何が問題であるかは明らかである。イノベーションの必要は明らかである。いまやそれらの公的機関は、自らのシステムの中にいかにしてイノベーションと企業家精神を組み込むかを学ばなければならない。さもなければ、新たに企業家的な公的機関をつくり、既存のものを陳腐化させる部外者に頼らざるをえない。

一九世紀後半から二〇世紀初めにかけて、公的サービスこそは、まさに創造性が発揮されイノベーションの行われる分野だった。一九三〇年代までの七五年間に行われた社会的イノベーションは、当時の技術的イノベーションに劣らず斬新かつ生産的であって、しかも急激だった。そして、あの時代の社会的イノベーションは公的機関を新設することによって行われていた。

ところが今日の公的機関のほとんどは、その組織と使命が当時のままである。これからはそうはいかない。社会的イノベーションの必要性はさらに高まる。しかもそのほとんどは、既存の公的機関の手によって行われなければならない。したがって、既存の公的機関の中に企業家的なマネジメントを組み込むことが、今日における最大の政治課題である。

第15章　ベンチャーのマネジメント

市場志向の必要性

企業であれ公的機関であれ、既存の組織について「企業家マネジメント」というとき、ポイントは前半の「企業家」にある。ベンチャーについては、後半の「マネジメント」にポイントがある。既存の組織にとって企業家精神の障害となるものは既存の事業である。ベンチャーにとって企業家精神の障害となるものは既存の事業の欠如である。

ベンチャーにはアイデアがある。製品やサービスがある。売上げさえある。時にはかなりの売上げがある。確かにコストはある。収入があり利益もあるかもしれない。だが確立された事業がない。永続的な活動としての事業がない。何を行い、何を成果とすべきかが明確な事業がない。

ベンチャーは、いかにアイデアが素晴らしくとも、いかに資金を集めようとも、いかに製品が優れていようとも、いかに需要が多くとも、事業としてマネジメントされなければ生き残れない。一九世紀最高の発明家トマス・エジソンは、このことを理解できなかったために、手がけた事業のすべてに失敗した。

エジソンの夢は実業家として成功し大企業のトップになることだった。最高の企画力をもっていた彼が事業に成功して何の不思議もなかった。自らの発明した電球を使えるようにするには、いかなる電力会社をつくるべきかを知っていた。いかに資金を集めたらよいかも知っていた。しかし彼は企業家のまま終わった。

マネジメントとはボスであることと考えていた彼は、マネジメントのためのチームをつくらなかった。そのため、彼のベンチャーは中堅企業に成長した段階でことごとく倒産寸前に追い込まれた。いずれも、彼が引っ込み、専門のマネジメントが代わるしか会社を救う方法はなかった。

ベンチャーが成功するには四つの原則がある。第一に市場に焦点を合わせること、第二に財務上の見通し、特にキャッシュフローと資金について計画をもつこと、第三にトップマネジメントのチームをそれが実際に必要となるずっと前から用意しておくこと。第四に創業者たる企業家自身が自らの役割、責任、位置づけについて決断することである。

通常、ベンチャーが期待にそえず、それどころか生き残れなくなるときのセリフは、「あの連中に市場をとられるまではうまくいっていた。彼らが市場に出したものはうちのものと大して違わなかった」である。あるいは、「うまくいっていた。ところがあの連中がとんでもない客に売り始め、そのうちこちらの市場までもっていってしまった」である。

ベンチャーが成功するのは、多くの場合、予想もしなかった市場で、予想もしなかった客が、予想もしなかった製品やサービスを、予想もしなかった目的のために買ってくれるときである。

したがってベンチャーたる者は、予期せぬ市場を利用できるよう自らを組織しておかなければならない。市場志向、市場中心でなければ、競争相手のために機会をつくっただけに終わる。

確かに例外はある。特に特定の使用目的しかない科学的、技術的な製品の場合、意図した市場において、意図した使用目的のために買われることがある。しかし常にそうとは限らない。特定の病気の治療を目的として開発した薬でさえ、別の病気の治療に使われることがある。その例として、今日胃潰瘍の治療に使われているある薬がある。あるいはまた人のために開発されながら獣医が使っている薬がある。真に新しいものは予期せぬ市場を生み出す。

一九六〇年頃、ゼロックスが開発した最初のコピー機が現れるまで、オフィス用のコピー機が必要になるとは考えられなかった。ところが、五年後にはコピー機なしの仕事が考えられなくなった。

最初のジェット機が開発された頃、最も優れた市場調査は、すでに就航中の航空機と製造中の航空機の座席数を合わせると大西洋便の乗客数を超えると予測した。ところが五年後、ジェット機による大西洋便の乗客は五〇倍さらには一〇〇倍に伸びた。

イノベーションを行う者自身の視野は狭くなりがちである。狭窄症とさえいってもよいかもしれない。自分が知っている世界しか見えない。外の世界が見えない。

そのよい例がＤＤＴである。第二次世界大戦中、兵隊を熱帯の害虫や寄生虫から守るために開発されたＤＤＴは、やがて家畜や作物を害虫から守るために使われ、あまりの効き目に使用を禁止されるまでになった。しかし、ＤＤＴを開発した者のうち、一人としてそのような使い方を予測できた者はいなかった。

同じように、3Mは、工業用に開発した接着テープが、スコッチテープとして家庭や事務所でさまざまな使われ方をするとは考えなかった。同社は、工業用の研磨剤と接着剤のメーカーとして工業用品市場で成功していた。家庭や事務所を市場として考えたことはなかった。

売れない工業用品をつくった技術者が、消費財として売れることに気づいたのは偶然だった。彼は、会社が製品を諦めることを決定した日、たまたま見本を家に持ち帰った。驚いたことに、一〇代の娘が髪をカールするためにそれを使った。この話の興味深いところは、この技術者や上司たちが新しい市場の発見を直ちに理解したことだった。

一九〇五年に、ドイツのある化学者が局部麻酔用としてノボカインを開発した。だが、使う医者はいなかった。彼らは全身麻酔にこだわっていた。ところが予想もしなかったことに、歯科医がそれを使い始めた。憤慨したその化学者は、歯の治療に使うことの間違いについて講演までしたという。歯のために麻酔剤を開発したのではなかった。

この反応は極端である。しかし、企業家たる者はイノベーションの目的を自分なりにもっている。そのため別の使われ方をすると腹を立てる。想定外の客に売ることを拒否はしないかもしれないが、歓迎しないことをはっきりさせたがる。

初めコンピュータに起こったことがそれだった。ユニバックはコンピュータを科学計算用に設計していた。企業が関心を示しても営業マンを派遣しなかった。コンピュータが何たるかさえ知らないのではないかといっていた。ＩＢＭも最初は科学用にコンピュータを設計した。天文学の計算が目的だった。しかしＩＢＭは企業からの注文を喜んだ。一〇年後の一九六〇年頃、ユニバックはコンピュータを手にしていたが、ＩＢＭは市場を手にしていた。

マネジメントの教科書は、このような問題の解決策として市場調査を教える。しかし間違った処方である。新しいものを市場調査することはできない。市場に出ていないものを市場で調査することは不可能である。

一九五〇年頃、ユニバックが行った市場調査では、紀元二〇〇〇年までに一〇〇〇台のコンピュータが売れると予測していた。一九八四年の実数値は一〇〇万台だった。ユニバックの市場調査は最も緻密かつ科学的なものだったが、一つだけ間違いがあった。それは、コンピュータが先端的な科学研究のためのものであるとする前提からスタートしていた。確かにそのような使われ方では販売台数が限られて当然だった。

コピー機の特許の売り込みを受けた印刷機メーカーは完璧な市場調査を行った。その結果、印刷会社はコピー機を使わないとの結論を得て買い取りを断った。企業や学校や個人がコピー機を買うようになるとは思いもしなかった。

したがって、ベンチャーは自らの製品やサービスが、思いもしなかった市場で思いもしなかった使われ方のために、馴染みのない素人の客によって買われることがあって当然との前提で事業をスタートさせなければならない。

市場志向でなければ、生み出すものは競争相手のための市場だけということになる。数年後には「あの連中」が市場をもっていく。あるいは「とんでもない客」に売り始め、やがて市場を全部もっていく。

市場志向になることは特に難しいことではない。しかしそのためには、予期せぬ成功や失敗など予期せぬものを体系的に探さなければならない。予期せぬものを例外として片づけず、機会として調べなければならない。

第二次世界大戦の直後、インドのある小さな会社がヨーロッパからライセンスを買って原動機付き自転車の生産販売を始めた。インドにはうってつけの製品に思われた。しかしあまり売れなかった。ところが、その会社のオーナーはある地方から原動機だけの注文がかなりあることに気づいた。初めはそうした注文は断りたかった。あの小さな原動機で何ができるというのか。だが好奇心から一応その地方へ出かけてみた。そこで彼は、農民たちがその原動機で灌漑を行っているのを見た。

この会社は、今日では灌漑用小型ポンプの世界最大メーカーとして年間数百万台を生産販売し、東南アジア全体に農業革命をもたらしつつある。

市場志向であるには実験が必要である。当初考えてもいなかった顧客や市場が、自らの製品やサービスに多少なりとも関心をもつことがわかったならば、実際に使ってくれる人を探さなければならない。馴染みのない人たちに無料のサンプルを提供し、彼らがいかに使うかを調べなければならない。さらには、彼らを顧客にするには製品やサービスをいかに変えるべきかを調べなければならない。何らかの関心が示されたならば、直ちに関連する専門紙に広告を載せ、協力者を探さなければならない。

当初デュポンは、ナイロンを自動車タイヤに利用できるとは考えていなかった。しかし、オハイオ州アクロンのタイヤ・メーカーが関心を示したことをきっかけとして、やがてタイヤ生産への進出を決めることとなった。数年後には、デュポンのナイロンにとってタイヤは最も利益のあがる市場となった。

予期せぬ市場からの予期せぬ関心が、本当の可能性なのか、それとも好奇心にすぎないのかを見分けるには、さしてコストはかからない。若干の感受性と体系的な作業を行うだけである。外へ出て見ればよい。市場に出て、客や営業マンとともに時間を過ごし、見て、聞けばよい。

だがそのためには、製品やサービスの意味を決めるのは客であって生産者ではないことを常に思い起こす仕組みをつくっておかなければならない。製品やサービスが客に提供する効用や価値について、絶えず疑問を投げかけなければならない。

最大の危険は、製品やサービスが何であり、何であるべきか、いかに買われ、何のために使われるかについて、客よりも知っていると思い込むことである。予期せぬ成功を屈辱とするのではなく機会としてとらえなければならない。そして、企業は客のニーズを変えることによって対価を得るのではないというマーケティングの基本を受け入れなければならない。企業は客のニーズを満足させることによって対価を得る。

財務上の見通し

設立間もないベンチャーに特有の病いが市場志向の欠如である。それは初期段階における深刻な病いである。ベンチャーを殺しはしないまでも成長を完全に止めてしまいかねない。これに対し財務志向の欠如と財務政策の欠落は、成長の次の段階における最大の病いとなる。特に急成長しつつあるベンチャーにとって脅威となる。財務上の見通しをもたないことは、事業が成功するほど大きな危険となる。

例えばあるベンチャーが製品やサービスで成功し急成長し、大幅な増益とばら色の見通しを発表する。株式市場が目をつける。特に、ハイテクなど流行の分野であれば大きな注目が集まる。五年以内に売上げ一〇億ドルとの見通しが聞かれるようになる。だが一年半後に挫折する。倒産はしないかもしれないが、従業員二七五人のうち一八〇人を解雇する。社長は退陣させられ、あるいは大企業に安値で買い取られる。

挫折の原因はいつも同じである。第一に、今日のためのキャッシュがない。第二に、事業拡大のための資本がない。第三に、支出や、在庫や、債権を管理できない。おまけに、これら三つの症状は同時に起こる。一つでも起こると体力を損なう。財務上の危機は、立て直しに非常な労力と苦痛を伴う。しかし、これら三つの症状はいずれも予防できる。

ベンチャーの企業家が、金に無頓着であることはあまりない。きわめて貪欲である。彼らは利益を重視する。だがそれは間違っている。利益は結果としてもたらされるものであって、最初に考えるべきものではない。利益よりも、キャッシュ、資本、管理のほうが大事である。それらのものがなければ利益の数字は絵空事に終わる。目の前の利益など一年から一年半で消える。

成長には栄養が必要である。成長するということは、資金の余剰ではなく不足を意味する。成長にはキャッシュが必要である。利益は虚構である。バランスシートの一項目にすぎない。だが、この虚構に対しほとんどの国が税金をかけている。

成長は、余剰の発生ではなく債務の発生と現金の流出をもたらす。ベンチャーは、成長が健全であってかつ早いほど、より多くの資金上の栄養を必要とする。新聞や株式情報に大きく取り上げられたベンチャーや最高益を更新したベンチャーが、二年後には無惨な苦境に陥る。

ベンチャーは、キャッシュフローの分析と予測と管理を必要とする。この数年、ハイテク企業を例外としてアメリカのベンチャーの経営状態がよくなっているのは、新しい企業家たちが企業家精神には資金のマネジメントが不可欠であることを理解するようになったためである。

資金のマネジメントはキャッシュフローの予測によって容易に行える。ここでいう予測とは、希望的観測ではなく最悪のケースを想定した予測である。キャッシュフローの予測と計画については、「債務は想定より二か月早く決済しなければならず、債権は二か月遅く決済される」との昔からの言葉どおりである。ベンチャーにとっては慎重すぎるということはない。たとえ慎重すぎたとしても資金が一時的に余るだけである。

常に一年先を見て、どれだけの資金が、いつ頃、何のために必要になるかを知っておかなければならない。一年の余裕があれば手当ては可能である。

だが、切迫した状況のもとで資金を調達することは、事業がうまくいっているときでも困難であり、法外なコストがかかる。何よりも重要な時期に重要な人材に寄り道をさせることになる。数か月にわたって、金融機関まわりや財務見通しの練り直しに時間とエネルギーをとられ、挙げ句の果てにわずか三か月の資金繰りのために事業そのものを抵当に入れさせられる。再び時間と頭脳を事業に集中できるようになった頃にはすでに機会を逃している。なぜなら、ベンチャーの本質からして、機会が最も大きくなるとき、資金繰りは最も苦しくなるからである。

成功しているベンチャーは自らの資本構造を超えて成長する。これもまた経験則によれば、売上げを四〇%から五〇%伸ばすごとに、それまでの資本構造では間に合わなくなる。資本構造を変えなければならない。

ベンチャーは成長するに伴い、オーナー自身や家族、あるいは友人という私的な資本では間に合わなくなる。株式公開、既存企業との提携、保険会社や年金基金からの資金調達など大きな資金源をもたなければならなくなる。増資によって資金を調達してきたのであれば長期の借り入れを行わなければならなくなる。もちろん逆の場合もある。成長によって、それまでの資本構造が陳腐化し障害となる。

資金計画が比較的容易なベンチャーもある。レストラン・チェーン、病院チェーン、専門店チェーンなど、各地で類似の事業を展開しているベンチャーでは、各事業単位がそれぞれ独自に資金繰りをすることができる。フランチャイズ制をとったり、あるいは地元の人たちに有限責任のパートナーとして参加してもらうことができる。

このようにすれば、成長と拡大に必要な資金を段階的に調達していくことができる。一つひとつの事業が成功すれば、それが次の事業に対する投資家への保証と誘因になっていく。

しかし、この方法が機能するには三つの原則がある。

①事業単位のそれぞれをできるだけ早く、遅くとも二、三年以内に採算に乗せなければならない。
②素人のフランチャイジーや外科センターの所長など、マネジメント能力のあまりない人たちでも、本部からの指示なしに無事にマネジメントできるよう事業内容を定型化しておかなければならない。
③事業単位のそれぞれが、かなり早い時期に追加資金を必要としなくなり、むしろ次の事業単位を資金的に助けられるようにならなければならない。

独立した事業単位として資金調達することが難しいベンチャーにとって、資金計画はまさに死活問題である。しかし、そのようなベンチャーであっても、常に三年先を見越し、最大の必要資金量を想定し計画しておくならば、必要な資金を必要なときに必要な方法で調達することができる。ところが資金源や資金構造を超えて成長してしまったあとでは、自らの独立はもちろん、その生命まで危険にさらすことになる。うまくいっても、創業者はあらゆる企業家的なリスクを冒して懸命に働いた挙げ句、他の者を豊かなオーナーにするだけとなる。自らは雇われの身となり、新しくやって来た投資家がオーナーとなる。

これらに加え、マネジメント・システムを確立しておかなければならない。素晴らしい製品をもち、市場で素晴らしい地位を占め、素晴らしい成長の可能性をもつベンチャーが次々に登場してくる。その多くが突然マネジメント不能になる。未収金、在庫、製造コスト、管理コスト、アフターサービス、流通、その他あらゆるものをマネジメントできなくなる。一つが制御できなくなると、あらゆることが制御できなくなる。それまでのシステムの能力を超えて成長したためである。

しかかも、ようやく新しいシステムができた頃には市場は失われ、顧客は反感まではいかなくとも不信を抱くようになっている。流通業者は信頼しなくなっている。最悪なことに従業員がマネジメントを信用しなくなっている。当然である。

急激な成長は常に既存のマネジメント・システムを陳腐化させる。ここでも、四〇％から五〇％の成長が一つの段階として重要な意味をもつ。いったん制御の能力を失うと取り戻すことは難しい。だが、ここでも予防することはかなり容易である。

自社にとって最も重要なこと、例えばアフターサービス、未収金、在庫、製造コストについて、財務の観点から検討しておく。最重要項目が四つないし五つを超えることはほとんどない。これに加えてマネジメント関連のコストについても気をつけておく。マネジメント・コストの増大はマネジメントや事務スタッフの雇いすぎを意味する。

ベンチャーが成長していくには、それらの最重要項目について常に三年先を見越し、マネジメントのシステムを確保しておかなければならない。木目細かいシステムは必要ないし、数字も大雑把でよい。重要なのは、それらのことを意識し、注意し、必要に応じて迅速に対応できるようにしておくことである。最重要項目に注意さえしていれば、通常マネジメント上の混乱は生じない。そのための手法は簡単に手に入る。会計の教科書に説明してあるとおりである。ただし自らが行わなければならない。

トップマネジメント・チームの構築

市場においてしかるべき地位を確立し、しかるべき資金手当てを行った。しかるべき資本構造とマネジメント・システムも確立した。それにもかかわらず数年後に深刻な危機に陥る。まさに確立した事業体として成功し成人したかに思われたそのとき、理解できない苦境に陥る。製品は一流、見通しも明るい。しかし事業は成長しない。収益や財務体質などの面で成果があがらない。

原因は常に同じである。トップマネジメントの欠如である。企業の成長がトップ一人でマネジメントできる限界を超えた結果である。いまやトップのチームが必要である。実際には、そのときすでに適切なチームがなければ手遅れである。生き延びることで精いっぱいになる。たとえ生き延びたとしても、不治の機能不全に陥るか、少なくとも数年は出血が止まらない。士気は衰え、従業員は幻滅し、熱気は失われる。事業をつくり築き上げた創業者は追い出される。

対策は簡単である。トップのチームを前もって構築しておくことである。チームは一夜にしてならず、機能するには時間がかかる。相互信頼と相互理解が必要である。そのためには数年を要する。私の経験では三年はかかる。

もちろん、小さなベンチャーが堂々たるトップマネジメントのチームをもつ余裕はない。立派な肩書と相応の報酬を必要とする人たちを六人も抱えることはできない。ごくわずかの人間で出てくる問題を処理していかなければならない。どうすればよいのか。

方法は簡単である。ただしそのためには、創業者自身がいつまでも自らマネジメントを行うのではなく、いずれトップのチームに引き継ぐ決意をしておかなければならない。もしトップの一人ないし二人があらゆることを自ら行いつづけるつもりでいるならば、数か月あるいは遅くとも数年後には経営危機が避けられない。

市場や人口動態などの客観的な指標によって、三年から五年後に倍の規模に成長することが明らかになったならば、トップマネジメント・チームの構築が急務となる。しかし、そのためには準備が必要である。

第一に、創業者自身が、事業にとって重要な活動について主な人たちと相談しなければならない。存続と成功がかかっている活動は何か、何が重要な活動かについてはあまり異論はないはずである。しかし意見の違いや対立がある場合は、徹底的に検討しなければならない。重要な活動として挙げられたものはすべて検討の対象にしなければならない。

重要な活動といっても、本の中から探すことはできない。実際の事業の分析から見出さなければならない。同じ種類の事業に見えても重要な活動として位置づけられるものがまったく異なることがある。生産活動かもしれないし顧客サービスかもしれない。あらゆる組織に共通する重要な活動は二つしかない。人のマネジメントと資金のマネジメントである。それ以外の活動は、事業や仕事、価値観や目標を内部から見ている人たちが決めなければならない。

第二に、創業者など主な人たちの一人ひとりが、自分が得意とするものは何か、他の人たちが得意とするものは何かを考えなければならない。このときも、それぞれが得意とするものについては考えが一致するはずである。一致しない点はすべて検討の対象として取り上げなければならない。

第三に、それぞれの強みに応じて、誰がいずれの活動を担当すべきか、誰がどの活動に向いているかを検討しなければならない。こうしてようやくトップマネジメント・チームが構築される。

このとき、創業者といえども、人事が得意でなければ口を挟まないよう慎まなければならない。強みは新製品や新技術にあるかもしれない。日常業務、製造、物流、アフターサービスにあるかもしれない。財務かもしれない。その場合、人事は人に任せたほうがよい。重要な仕事はすべて、能力が実績によって証明された者が担当すべきである。ＣＥＯが何を担当すべきかについての決まりはない。

もちろん、ＣＥＯは最高の意思決定機関であり、最終責任を負う。したがって、この最終責任を果たすうえで必要な情報は必ず入るようにしておかなければならない。だがＣＥＯ自身の仕事は、企業が何を必要とし、自分自身がいかなる人間であるかによって決まる。何を担当するにせよ、企業にとって重要な活動を担当するのであれば立派なCEOである。だが、ほかの重要な活動のすべてが誰かによって担当されるようにしておかなければならない。

第四に、重要な活動のすべてについて目標を定めなければならない。製品、人的資源、資金のいずれにせよ、重要な活動に責任を負うことになったすべての人に対し、何を期待できるか、何に責任を負えるか、何をいつまでに実現するつもりかを問わなければならない。もちろん、これはマネジメントの初歩にすぎない。

当初、このトップマネジメント・チームは非公式であってよい。成長段階にあるベンチャーでは、肩書を与えることも、公表することも、上乗せの報酬を払うことも必要ない。むしろ新しい陣容が機能し、その様子が明らかになるまで一年ほど待ったほうがよい。その間チームの全員が、各自の仕事、協力の仕方、互いの仕事をやりやすくするために行わなければならないことなど、多くのことを学ぶ必要がある。

こうして二、三年後、いよいよトップマネジメント・チームが必要になったとき、まさにそれは存在していることになる。しかし、もしそのようになっていないようであれば、そのはるか前にマネジメントの能力そのものが失われているに違いない。創業者は仕事の負荷に耐えられなくなり、重要な仕事は行われなくなっている。

考えられるケースは二つある。一つは、創業者自身が能力と関心をもつ一つか二つの活動に没頭したままでいるケースである。それらの活動は重要である。しかし、それらだけが重要というわけではない。それら以外の活動が見る人もないまま放っておかれれば、二年後には事業が苦境に陥る。

もう一つのさらに悪いケースは創業者が良心的な場合である。彼は人と資金が重要であること、そしてそれらをマネジメントしなければならないことを知っている。そこで自らの能力と関心が新製品の設計と開発にあるにもかかわらず、人と資金を自分でマネジメントしようとする。だが得意でないために、いずれもうまくいかない。意思決定や行動に時間がかかる。そのため時間がなくなり、得意とする肝心の新製品や新技術の開発がなおざりになる。三年後には、必要な製品もなく、人や資金のマネジメントもない抜け殻となる。

前者のケースであれば企業を救うことは不可能ではない。つまるところ製品はある。創業者が、再建のために乗り込んできた人によってトップの座を追われるだけである。しかし後者のケースでは、事業は立ちゆかず売却か清算されることになる。

したがって、実際に必要となるはるか前からトップマネジメント・チームを構築しておかなければならない。ワンマンによるマネジメントが失敗する前に、そのワンマン自身が、同僚と協力すること、人を信頼すること、さらには人に責任をもたせることを学ばなければならない。創業者は、付き人をもつスターではなく、チームのリーダーになることを学ばなければならない。

創業者はいかにして貢献すべきか

ベンチャーのマネジメントに関して重要なことを一つ挙げるとするならば、それはトップマネジメントをチームとして構築することである。しかし創業者自身にとって、それは事の始まりにすぎない。ベンチャーが発展し成長するに伴い、創業者たる企業家の役割は変わらざるをえない。これを受け入れなければ、事業は窒息し崩壊する。

創業者たる企業家は、これらのことについてはイエスと同意する。事業の変化に対応できず、事業とともに自らも挫折した創業者の悲惨な話は自分も聞いている。だが何かをしなければならないことはわかっても、自らの役割をいかに変えたらよいかを知っている者はあまりいない。

彼らは、「何をしたいか」から考える。あるいは、「自らは何に向いているか」を考えるのがせいぜいである。しかし、問うべき正しい問いは、「客観的に見て、今後事業にとって重要なことは何か」である。創業者たる企業家は、この問いを、事業が大きく伸びたとき、さらには製品、サービス、市場、あるいは必要とする人材が大きく変わったとき、必ず自問しなければならない。

次に問うべき問いは、「自らの強みは何か」、「事業にとって必要なことのうち自らが貢献できるもの、他に抜きんでて貢献できるものは何か」である。これらの問いを徹底的に考えることによって初めて、「自分は何をしたいか」「何に価値を置いているか」「残りの人生すべてとまではいかなくとも、今後何をしたいか」「それは事業にとって本当に必要か、基本的かつ不可欠な貢献か」を問うことができる。

第二次世界大戦後、大きな成功を収めたニューヨークのペイス大学の例がある。エドワード・モートラ博士が一九四七年に創立したこの大学は、今日では水準の高い大学院をもつ学生数二万五〇〇〇人というニューヨーク第三の大学にまで育っている。

彼のイノベーションは攻撃的なものだった。しかし彼は、（一九五〇年前後という）ペイス大学がまだ小さかった頃、すでに強力なトップマネジメント・チームをつくりあげていた。そのメンバーは、それぞれが責任を負い、リーダーシップを発揮すべき担当分野をもっていた。彼自身は総長になった。そのうえ助言と支援を得るために、独立した強力な評議員会を設置した。

ベンチャーが必要とすること、創業者たる企業家が強みとすること、あるいはその企業家がしたいと考えることは、まさに千差万別である。

ポラロイドカメラの発明者エドウィン・ランドは、会社創立後の十数年は自らマネジメントにあたっていた。しかし会社が急成長を始めると、トップのチームをつくって彼らに会社を任せた。自分にはマネジメントの仕事は向かないと判断した。彼が貢献できるのは科学的なイノベーションだった。そこで自らを研究者と位置づけ、基礎研究担当の相談役になった。マネジメントは他の者に任せた。

マクドナルドを構想し創業したレイ・クロックも同じ結論に達した。彼は八〇歳過ぎで他界するまで社長をつとめていた。しかし、日常の業務はトップのチームに任せ、彼自身は「マーケティングの良心」を任じた。他界する直前まで自分の店を毎週二、三軒は訪れ、品質や清潔さ、親しみやすさを点検していた。客を観察し、話しかけ、耳を傾けた。こうしてマクドナルドは、少なくとも彼が亡くなるまでは、ファストフード業界のトップを維持するうえで必要な変革を行いつづけることができた。

アメリカ太平洋岸北部のある建材商社では、若い創業者が、自らの役割はマネジメントではなく、小さな町や郊外にある二〇〇か所の営業所の所長たちの面倒を見ることであると結論した。

事実上、事業を行っていたのは、彼ら営業所の所長だった。彼らは、調達、品質管理、債権管理については本社の支援を受けていた。しかし営業そのものは、本社の支援をほとんど受けず、各地域において営業マン一人とトラックの運転手二人という陣容で彼ら自身が行っていた。したがって、この建材商社の営業は、彼ら孤立した素朴な人たちの意欲、活力、能力、熱意にかかっていた。大卒は一人もおらず高卒さえわずかだった。

この商社の創業者は、一月のうち一二日から一五日は、彼ら営業所長を訪れ、半日をともに過ごし、仕事や計画や目標について話し合うことを自分の仕事にした。この建材商社がほかの商社と違ったのはこれだけだった。ほかはすべて同じだった。しかし、創業者たるＣＥＯの働きによって、競争相手よりも三倍から四倍の速さで成長した。

今日、大手の半導体メーカーとして成功しているある会社は、三人の科学者によって設立された。この会社の場合、事業にとって必要なものは何かという問いに対する答えは三つあった。一つは経営戦略、一つは開発研究、もう一つは人材、特に科学技術分野の人材育成だった。三人は、それぞれについて誰が最も向いているかを明らかにし、それぞれの強みに応じて活動を分担した。

しかし実際には、人材育成を引き受けたのは、イノベーションに強い科学者で、その分野では学界の大物だった。彼は、自分がマネジメントや人事に関わる仕事に向いていると考え、ほかの二人もその考えに同意して人材育成を担当することになった。彼は「本当にやりたい仕事ではなかった。しかしそれが私の最も貢献できることだった」といっていた。

自らがいかに貢献できるかとの問いが、常に満足のいく答えをもたらすとは限らない。時には創業者が手を引くこともある。

アメリカで最も成功している金融関連ベンチャーの創業者が下した結論がこれだった。彼はトップのチームをつくったうえで、会社が必要としているものは何かを自問した。そして自分自身と自分の強みを考えた。その結果、会社が必要とするものと自分がしたいこととの間はもとより、自分ができることとの間にさえ共通するものがないことを知った。そこで彼は一年半をかけて後継者を育て、事業を引き継ぎ辞任した。

彼はその後、金融以外の分野でベンチャーを三つ創業し、いずれも中堅企業に育てた。そしてそのいずれからも手を引いた。事業をスタートさせ育てることを好んだが、マネジメントすることは好まなかった。事業と別れることが事業にとっても自分にとっても幸せであるという事実を受け入れていた。

似た状況であっても、企業家によって達する結論は異なる。

ある有名な医療機関の創業者で、今日その分野ではリーダーとして知られる人が、かつて同じようなジレンマに直面した。それは、その医療機関がマネジメントと資金調達の両方ができる人を必要としていたのに対し、彼自身は研究者や臨床医であることを望んでいたことだった。

しかし彼は自分が資金調達を得意とし、かつ医療機関のCEOになる能力もあることを知っていた。「そこで私は自分自身の希望を抑え、CEOとしての仕事と資金調達の仕事を引き受けることが、自分のつくったベンチャーと同僚に対する責任だと考えた。もちろん自信がなかったり、理事会や相談相手が後押ししてくれなかったならば、そのような役目は引き受けなかった」

自分は何が得意で何が不得意かとの問いこそ、ベンチャーに成功の兆しが見えたところで、創業者たる企業家が向き合い考えなければならない問題である。しかし、本来はそのはるか前から考えておくべきことである。あるいはベンチャーを始める前に考えておくべきことかもしれない。

これは、第二次世界大戦の敗戦後という暗澹たる日本において、本田宗一郎が本田技研工業というベンチャーを始めるにあたって行ったことだった。彼は、マネジメント、財務、マーケティング、販売、人事をパートナーとして引き受けてくれる者が現れるまで事業を本格化しなかった。彼自身はエンジニアリングと製造以外は何もやらないことにしていた。この決心が、やがてホンダを成功に導いた。

ここに、ヘンリー・フォードという、さらに昔のさらに教えられる例がある。フォードは一九〇三年に事業を始めるとき、ちょうど四五年後の本田と同じ決心をした。彼は苦手なマネジメント、財務、マーケティング、販売、人事を引き受けてくれるパートナーを見つけてからベンチャーを始めた。フォードも本田と同じように自分がエンジニアリングと製造の人間であることを自覚しており、自らの役割をこの二つの分野に限定した。

彼が見つけたジェームズ・カズンズは彼に劣らず会社に貢献した。一九一四年頃に導入した有名な一日五ドルの日給制、あるいは先駆的な流通とアフターサービスなど、ヘンリー・フォードが考えたとされていることの多くはカズンズのものであって、むしろ最初はフォードが反対したものだった。しかし、その後彼はカズンズを疎んじ、一九一七年には追い出してしまった。そのきっかけとなったのが、脱T型とその後継車開発というカズンズの主張だった。

フォード社は、まさにカズンズの辞任まで成長と繁栄を続けた。しかしカズンズの辞任の数か月後、かつては自分が何に向いていないかを知っていたヘンリー・フォードがトップの機能をことごとく手中にしたとき、フォードは長い衰退の時代に入った。彼はその後一〇年にわたって、文字どおりまったく売れなくなるまでT型モデルにしがみついた。フォードの衰退は、カズンズ辞任の三〇年後、恐ろしく若い孫のヘンリー・フォード二世が、事実上倒産した事業を引き継ぐまで続いた。

第三者の助言

これらの例は、ベンチャーの創業者には外部の人間の客観的なアドバイスが必要なことを教える。成長しつつあるベンチャーは取締役会を必要としないかもしれない。そもそも取締役会なるものの多くは、創業者が本当に必要とする相談相手にはなれない。しかし創業者は、基本的な意思決定について話し合い、耳を傾けることのできる相談相手を必要とする。ただしそのような人間は社内ではめったに見つからない。

創業者の判断や強みを問題にできる外部の人間が必要である。創業者たる企業家に対し、質問し、意思決定を評価し、市場志向、財務見通し、トップマネジメント・チームの構築など生き残りのための条件を満たすよう絶えず迫っていく必要がある。これこそ、ベンチャーが企業家マネジメントを実現するための最大の要件である。

このように企業家としてマネジメントするベンチャーは、やがて大企業として繁栄する。しかし、あまりに多くのベンチャー、特にハイテクのベンチャーは、これら企業家としての原理を軽視する。それらはマネジメントのすることであって自分は企業家であるという。だがそのような考えは自由を意味しない。無責任を意味するだけである。そこには形と本質の混同があるだけである。

規律のないところに自由はない。規律のない自由は放縦であって、やがて無秩序へと堕落する。あるいは時を置かずして独裁へと堕落する。ベンチャーが見通しと規律を必要とするのは、企業家精神を維持し強化するためである。成功がもたらす要求に応えるためである。何よりもベンチャーは責任を必要とする。まさに、企業家がこの責任を果たせるようにすることがベンチャーのマネジメントである。

第3部

企業家戦略

INNOVATION
AND
ENTREPRENEURSHIP

第16章　総力戦略

企業家精神を発揮するには、企業家マネジメント、すなわち組織の内部に関わるいくつかの原理と方法が必要である。これに加えて、組織の外部、すなわち市場に関わるいくつかの原理と方法が必要である。それが企業家戦略である。最近、経営戦略が流行し文献も多く出ているが、企業家戦略について論じたものは見たことがない。しかし企業家戦略こそ重要である。しかも、それはユニークであり、他の経営戦略とは性質を異にする。

企業家戦略には四つある。総力戦略、ゲリラ戦略、ニッチ戦略、顧客創造戦略である。これら四つの戦略はいずれか一つを選ぶというものではない。そのうちの二つを組み合わせ、時には三つを組み合わせて一つの戦略とすることができる。また、はっきりと区別できるものでもない。同じ戦略をゲリラ戦略あるいはニッチ戦略としてとらえることもできる。

しかしこれら四つの戦略には、それぞれ特徴がある。合致するイノベーションと合致しないイノベーションがある。それぞれが企業家に対し明確な行動を要求し、それぞれに限界をもち、リスクをもつ。

総力による攻撃

「総力戦略」すなわち「総力による攻撃」は、南北戦争において南軍の騎兵隊将校が連戦連勝の秘密を明かしたときに使った言葉である。企業家はこの戦略によって、市場や産業の完全支配は無理としてもトップの座を得る。常にそうとは限らないが、自ら新たに大きな産業を生み出す。最初から永続的なトップの地位をねらう。

この戦略は最高の企業家戦略とされているものである。企業家についての文献のあるものは、この戦略だけが企業家戦略であるとしている。特にハイテクの企業家の多くがそう考えている。だがそのような考えは間違いである。

確かに多くの企業家がこの戦略をとる。しかし、この戦略はリスクが最も低いわけではないし、成功の確率が最も高いわけでもない。企業家戦略として優れているわけでもない。それどころか四つの企業家戦略のうち、最もギャンブル性が強い。いっさいの失敗を許さず、チャンスが二度ない辛い戦略である。ただし成功すれば成果は大きい。

スイスのバーゼルにあるホフマン・ラロッシュは、好収益をあげている世界最大の医薬品メーカーである。一九二〇年代の中頃までは繊維用染料を扱う冴えない化学品メーカーだった。ドイツの大手染料メーカーやスイスの大手化学品メーカーの影に隠れた存在だった。

同社は、新しく発見されたビタミンに賭けた。当時、学界はそのような物質の存在さえ全面的には認めていなかった。しかし、同社は誰も欲しがっていなかったビタミンの特許を取得した。

チューリッヒ大学からビタミンの発見者を大学教授の給与の数倍という業界では異例の高給で引き抜いた。そして、手元の資金に加え、借りられるだけの資金を集めて、この新しい物質の製品化とマーケティングに投入した。

ビタミンの特許消滅から久しい今日、ホフマン・ラロッシュは依然として世界のビタミン市場の半分を占め、年間数十億ドルの売上げをあげている。

同社はビタミンのほかにも二度同じ戦略をとった。一九三〇年代、当時の科学者のほとんどが化学薬品は伝染病には効かないと考えていたときに、サルファ剤を手がけた。その二〇年後の五〇年代の半ば、これまた当時の科学者がありうべからざるものとしていたときに、筋組織弛緩用のトランキライザーを手がけた。

デュポンも同じ戦略をとった。一五年に及ぶ苦労の末、最初の合成繊維であるナイロンの開発に成功すると、直ちに総力をあげて大工場をつくり、大々的に宣伝し、新たな化学産業を生み出した。

両社の例は大企業の話といわれるかもしれない。しかしホフマン・ラロッシュは、当時大企業ではなかった。ここに、この戦略のもとに文字どおりゼロからスタートした二つの企業の例がある。

ワープロは大発明ではない。それは、タイプライター、ディスプレイ、初歩的なコンピュータという既存の三つの機器を結合しただけである。しかしこの結合が、オフィスを根本から変えるイノベーションとなった。一九五〇年代の半ばにアン・ワング博士がこれを構想した頃には仲間もいなかった。企業家としての実績もなく、資金的な支援もなかった。しかし彼は、初めから新しい産業をつくり、オフィスの仕事を変えることを目指した。その結果、ワング・ラボラトリーズは大企業となった。

同じように、あのガレージの中で資金的な支援も事業の経験もなくアップル・コンピュータをスタートさせた二人の若者も、初めから一つの産業をつくり、それを支配することを目指した。この戦略は大事業になることを目指す必要はない。だが常に市場の支配を目指す必要はある。

ミネソタ州セントポールにある3Mは、おそらく慎重に検討したうえでの結論だろうが、大事業になるようなイノベーションには取り組まない方針をとっている。保健衛生用品のメーカーであるジョンソン&ジョンソンも同じである。両社は大事業ではなく中くらいの事業に発展するイノベーションを行ってきた。だが市場の支配は目指していた。

デュポンは、一九二〇年代の半ばに化学者のカロザースを迎え入れたとき、新しい化学産業をつくるとは宣言しなかった。しかしデュポンの内部文書によれば、当時のトップマネジメントが新しい産業を生み出そうとしていたことは明らかである。彼らはカロザースの研究が簡単に成功するとは思っていなかったが、成功した暁には単なる新製品や製品ラインを超えたものをつくり出すつもりでいた。

「未来のオフィス」という言葉をつくったのはワング博士ではない。しかし彼は、その最初の広告の中で新しいオフィス環境やオフィス労働を説いていた。

この戦略は、真に新しいものをつくり出すことを目指しているため、外部の素人でも専門家と同じ働きをする。あるいはそれ以上の働きをする。

ホフマン・ラロッシュでは、創業者の孫娘と結婚した化学者ならぬ音楽家がこの戦略をとった。自分のオーケストラを維持するためには同社のわずかな配当では足りなかった。以来、同社は化学者によってマネジメントされたことは一度もない。代々銀行出身者によってマネジメントされている。

デュポンのトップマネジメントは科学者ではなく企業人だった。

もちろん純粋に産業の内部にいた人たちもいる。ワング博士であり、３Ｍの人たちであり、アップル・コンピュータを設計した若者である。だが、この戦略に限っては、おそらく門外漢のほうが有利である。彼らは通念を知らず、したがって何が不可能とされているかを知らない。

成功への道

この戦略は必ず命中させなければならない。さもなければ失敗する。月をねらうのに似ている。わずかに狂うだけでロケットは宇宙のかなたに消え去る。ひとたび発射してしまえば修正や調整はきかない。したがって、この戦略には徹底した思考と分析が不可欠である。小説や映画に出てくるような企業家や、突然思いついたアイデアをすぐ実行するような人に成功はおぼつかない。明確な目標を一つ掲げ、それに全エネルギーを集中しなければならない。しかも成果が出始めるや、さらに資源を大量投入しなければならない。

ワングのワープロはプロセス・ニーズを見事に突いた。一九七〇年代には、ついそれまでオフィスで見られたコンピュータ恐怖症が薄らぎ、「コンピュータは何をしてくれるのか」に関心が移っていた。その頃には、オフィス労働者は給与計算や在庫管理を通じてコンピュータに慣れていた。しかもコピー機の普及によって書類が急増していた。そこへワングのワープロが、手紙、スピーチ、報告、タイプ原稿の打ち直しという最もいやがられていた雑用を解消した。

ホフマン・ラロッシュは、一九二〇年代の初め、ビタミンという新しい知識をイノベーションの機会としてとらえた。この戦略を採用した創業者の孫娘の婿の音楽家は、トーマス・クーンが『科学革命の構造』を書く三〇年以上前にその本の意味するところを理解していた。彼は、科学上の新理論は、それまで育まれ信念と化している理論があるうちは受け入れられないことを理解していた。

新しい理論は、昔ながらのパラダイムがまったく無効となるまでは見向きもされない。その間は、新しい理論を受け入れ利用する者がその分野を独り占めすることになる。

もちろんこの戦略は、イノベーションの機会についての綿密な分析があって初めて成功する。そして全エネルギーの集中を必要とする。この戦略では明確な目標を一つ掲げ、そこに全エネルギーを集中しなければならない。しかも成果が出始めるや、さらに大量に資源を投入しなければならない。

デュポンは、実用に堪える合成繊維の開発に成功するや、市場が反応するはるか前に大工場を建設し、繊維メーカーや一般消費者向けに広告、展示、見本提供の絨毯爆撃を行った。

イノベーションが事業として成功したあと、本当の仕事が始まる。トップの地位を維持していくための継続的な努力が必要となる。さもなければ競争相手に市場を奪われる。リーダーシップを握った以上、これまでよりも速く走り、イノベーションの努力をさらに大規模に続けなければならない。開発費もイノベーションに成功した後でこそ増額しなければならない。新しい製品の利用法を開発し、新しい顧客を発掘し、新しい製品を試してもらわなければならない。

何にもまして、この戦略によって成功した企業家は、競争相手よりも先に自らの手で製品やプロセスを陳腐化させていかなければならない。次世代の製品やプロセスを開発するために、最初の成功をもたらしたと同じだけの努力と資源を投入しなければならない。さらには価格を計画的に下げなければならない。高価格を維持することは競争相手に傘をさしかけ、やる気を起こさせるだけである。

経済史上最も長く続いた私的独占、すなわちアルフレッド・ノーベルがダイナマイトを発明したあとに結成したカルテルがこの方針を堅持した。ダイナマイト・カルテルは、ノーベルの特許が消滅してかなり年月の経った第一次世界大戦後も世界市場を独占していた。彼らは、需要が一〇%から二〇%増大するごとに価格を引き下げた。生産増に必要な投資は償却ずみだった。その結果、カルテルは高収益を維持した。したがって、新規参入者にとって工場の新設は魅力がなかった。

デュポンがナイロンについてこれと同じ方針をとったことは偶然ではない。そもそもデュポンはダイナマイト・カルテルのアメリカのメンバーだった。ワングはワープロについて、3Mはあらゆる製品について、同じ方針をとった。

リスクの大きさ

前記の例は、すべて成功物語である。したがって、実際にこの戦略がいかに大きなリスクを伴っているかは示していない。失敗の例は紹介したくとも残っていない。

しかし、われわれは成功よりも失敗のほうがはるかに多いことを知っている。この戦略には、チャンスは一度しかない。直ちに成功するか、さもなければ完全な失敗である。息子の頭に載せたリンゴを一の矢で射落とさなければならなかったスイスの射手ウィリアム・テルと同じである。失敗すれば息子を殺してしまうかもしれない。しかも自分は殺される。

これこそまさに、この戦略をとったときに企業家が置かれる状況である。まずまずの成功や惜しい失敗などない。成功と失敗しかない。成功でさえ、あとからしかわからない。少なくともわれわれは、次の例が失敗していた可能性のあることを知っている。運や偶然によって救われたにすぎない。

ナイロンの成功は僥倖だった。一九三〇年代には、事実上ナイロンのための市場はなかった。綿糸やレーヨンと競争するにはあまりに値段が高かった。当時の最も贅沢な繊維、絹よりもさらに高かった。しかも厳しい不況のさなかにあって、日本は絹をいかなる安値でも輸出するつもりだった。

ナイロンを救ったのは、日本の絹輸出にストップをかけた第二次世界大戦の勃発だった。一九五〇年頃、日本が絹産業を再建したときには、すでにナイロンはゆるぎない地位を築き、コストと価格もはるかに安くなっていた。

3Mの最も有名な製品であるスコッチテープについてはすでに述べたとおりである。ここでも、偶然がなければ失敗のまま終わっていたに違いない。


この戦略はリスクが大きい。ほかの戦略がとられるのは、この戦略では成功よりも失敗のリスクのほうが大きいからである。強い意志がなければ失敗する。努力が十分でなければ失敗する。イノベーションとしては成功しても、十分な資源を投入しなければ失敗する。事業として成功しても、追加資源を投入しなければ失敗に終わる。

成功すればリターンは大きいが、リスクが大きく非常な困難を伴う。したがって、この戦略は大きなイノベーションにしか使うべきではない。ホフマン・ラロッシュのビタミンのように新しい医療分野を生み出すこと、あるいはメイヨー兄弟のように診断と治療について新しい医療の方法を生み出すことにしか使うべきではない。

実際、これが使えるイノベーションの種類はごく限られている。しかもイノベーションの機会についての深い分析と正しい理解が必要である。エネルギーと資源の集中が必要である。

多くの場合、ほかの戦略をとるべきである。ほかの戦略のほうが望ましい。それはリスクの問題ではない。必要なコスト、努力、資源に見合うほど大きなイノベーションの機会がそれほどはないからである。

第17章　ゲリラ戦略

「ゲリラ戦略」すなわち「弱みへの攻撃」もまた、南北戦争における南軍将校の言葉である。企業家のための戦略としては、創造的模倣戦略と柔道戦略の二つが該当する。

創造的模倣戦略

ハーバード・ビジネススクールの教授、セオドア・レヴィットの造語である創造的模倣なるコンセプトは明らかに矛盾している。創造的とはオリジナルということである。あらゆる模倣に共通しているることはオリジナルではないということである。しかし、これはぴったりの言葉である。この戦略は模倣である。企業家はすでに誰かが行ったことを行う。だが、最初にイノベーションを行った者よりもそのイノベーションの意味をより深く理解するがゆえに、より創造的となる。

この戦略を最も多く使い、大きな成果をあげてきたのがＩＢＭである。同じくＰ＆Ｇも、石けん、洗剤、トイレタリーの市場でトップの地位を獲得し維持するために使っていた。世界の時計市場においてトップの地位を得た日本のセイコーもこの戦略を使った。

一九三〇年代初め、ＩＢＭは、ニューヨークにあるコロンビア大学の天文学者のために高速の計算機をつくった。数年後には、ハーバード大学の天文学者のために今日のコンピュータの原型ともいうべき計算機をつくった。第二次世界大戦が終わる頃には、記憶装置とプログラム能力を備えたコンピュータをつくった。

しかし、そのＩＢＭがコンピュータのイノベーターとして歴史の本で取り上げられることはない。それには理由がある。ＩＢＭはその先駆的なコンピュータを一九四五年に完成し、ニューヨークの街中で大勢の人たちを集めて実演した後、せっかくの自らの設計を捨て、ペンシルベニア大学が開発したＥＮＩＡＣに乗り換えていた。

ＥＮＩＡＣは、設計者は認識していなかったが計算事務に使いやすかった。ＩＢＭは、計算事務という平凡な仕事に使えるようＥＮＩＡＣの設計を取り入れ、生産し、アフターサービスを行うことにした。一九五三年にＥＮＩＡＣのＩＢＭ版が世に出るや、直ちに企業用の多目的メインフレーム・コンピュータの標準となった。これが創造的模倣戦略である。

誰かが新しいものを完成間近までつくりあげるのを待ち、そこで仕事にかかる。短期間で、顧客が望み、満足し、代価を払ってくれるものに仕上げる。直ちに標準となり市場を奪う。

ＩＢＭはパソコンについても創造的模倣の戦略を使った。アイデアそのものはアップルのものだった。ＩＢＭは、パソコンが経済的でなく、最適にほど遠く、金のかかる間違った製品と見ていた。しかし、なぜかそれは成功していた。

ＩＢＭは直ちに、やがてパソコンの標準となり、支配者となり、少なくとも先端的となるべき製品の設計にかかった。二年後には、ＩＢＭのパソコンはアップルのリーダーの座を奪い、最も売れる製品、標準たる製品となった。

P＆Gもまた、石けん、洗剤、トイレタリー、加工食品などの市場でほとんど同じ戦略を使った。

時計業界は、半導体が開発されたとき、それまでの時計よりも正確で信頼でき、しかも安いものがつくれるようになったことを知った。スイスの時計メーカーもクォーツ時計を開発した。しかしすでに従来型の時計に多額の投資を行っていた彼らは、新製品を贅沢品として位置づけ、時間をかけて導入していくことにした。

他方、日本で国内市場向けに腕時計をつくっていたセイコーは、半導体にイノベーションの機会を見出し、創造的模倣戦略をとってクォーツ時計を普及品として売り出した。スイスのメーカーが気づいたときにはすでに遅かった。セイコーの腕時計は世界のベストセラーとなり、スイスのメーカーはほとんど市場から追いやられた。

創造的模倣戦略は、総力戦略と同じようにトップの地位を目指す。しかし、リスクははるかに小さい。創造的模倣を行う者が動き出す頃には、市場は確立し製品が市場で受け入れられている。それどころか普通、最初のベンチャーが供給できる以上の需要が生まれている。市場はすでに明らかになっている。少なくとも明らかにできるようになっている。しかも、顧客が「何を買っているか」「いかに買っているか」「何を価値としているか」を市場調査によって明らかにすることができるようになっている。

最初のベンチャーが直面した無数の不確定要素も、ほとんどが明らかにされているか、少なくとも分析し調べることができるようになっている。もはやパソコンやクォーツ時計が何であるか、何をするものかを説明する必要はない。

もちろん、イノベーションを行った者が最初からすべてを行い、戸を閉めてしまうこともある。ビタミンのホフマン・ラロッシュやナイロンのデュポンのように、行うべきことはすべて行っていることがある。しかし、これまで創造的模倣に成功した企業家の数を見る限り、最初にイノベーションを行った者がすべてのことを行い、市場を独占することはそれほど多くない。

創造的模倣のもう一つのよい例が、非ピリン系アスピリンともいうべきタイレノールだった。後にタイレノールなる商標名をつけられたアセトアミノフェンは鎮痛剤として使われていたが、処方箋がなければ手に入らない医薬品だった。したがって、市場はアセトアミノフェンよりもはるかに古いアスピリンがほぼ独占していた。

アセトアミノフェンにはアスピリンほどの効き目はない。その反面、血液の凝固作用がない。そのためアスピリンのように、胃の異常や出血をもたらすという副作用がない。したがって、ようやく処方箋なしで売れるようになったとき、最初に市場に出された製品はアスピリンの副作用に苦しむ患者のための薬として売られた。そしてそれは成功した。しかも成功は予想をはるかに上回った。しかし、まさにその成功が創造的模倣の機会を生み出した。

ジョンソン&ジョンソンは、アスピリンのほうがやがて解熱や血液凝固を必要とする限定された市場になるであろうことを理解した。そこでアセトアミノフェンにタイレノールなる商標名をつけ一般薬として売った。直ちにこのタイレノールが市場を席捲した。

これらの例が示すように、創造的模倣は、一般に理解されているような先駆者の失敗を利用するものではない。それどころか先駆者は成功していなければならない。アップルは成功だった。タイレノールによって業界トップの地位を追われたアセトアミノフェンの最初の薬も成功だった。だが最初にイノベーションを行った者は自らの成功の意味を理解できなかった。

アップルは、製品中心であってユーザー中心でなかった。そのため、ユーザーがプログラムやソフトウェアを必要としているときに新しいハードウェアを供給した。アセトアミノフェンを最初に売り出した者も自らの成功が意味するものを理解しなかった。

創造的模倣戦略は他社の成功を利用する。それは一般に理解されているような意味でのイノベーションではない。製品やサービスを発明しない。すなわち製品やサービスを完成させ、その位置づけを行う。

通常、新しい製品やサービスは市場に導入されたままの形では何かが欠けている。いくつかの特性を追加する必要があるかもしれない。少しずつ違う市場向けに少しずつ違うものが必要とされ、製品やサービスを細分化することが求められているかもしれない。市場で正しい位置づけを行うことが求められているかもしれない。何か欠けているものがあるかもしれない。創造的模倣戦略は顧客の目で製品やサービスを見る。

ＩＢＭのパソコンは、技術的にはアップルのそれと差別化できなかった。しかしＩＢＭは初めからプログラムとソフトウェアを提供した。

そのうえ、アップルが専門店というそれまでの流通チャネルに固執していたのに対し、ＩＢＭは、専門店、シアーズ・ローバックのような大規模店舗、直営の小売店など、あらゆる流通チャネルを使った。消費者が買いやすく使いやすくした。ＩＢＭがパソコンの市場を手に入れたのは、技術よりもそれらのイノベーションによってだった。

創造的模倣は、製品ではなく市場から、生産者ではなく顧客からスタートする。市場志向であり市場追随である。新しい製品やサービスを導入した者の顧客を奪い取ることによって成功するのではない。彼らが生み出しながら放っておいた市場を相手にする。すでに存在している需要を満たすのであって、需要そのものを生み出すのではない。

創造的模倣戦略にも特有のリスクがある。リスクはかなり大きい。そのためリスクを分散させようとして、誤ってエネルギーを分散させる危険がある。さらには状況を誤解して模倣する危険がある。意味のない市場の動きを創造的に模倣してしまう。

創造的模倣において世界一の実績をもつＩＢＭは、これらのリスクを抱えている。これまでＩＢＭは、ＯＡ（オフィス・オートメーション）の主要製品について、創造的模倣によって成功してきた。しかしそれらＩＢＭの製品は、模倣からスタートしたものであるためにあまりに種類が多く、統合したシステムを構築することが困難になっている。したがって、今後ＩＢＭがＯＡの分野で統合的なシステムを供給し、トップの座を維持できるかどうかは疑問である。しかもＯＡは未来の大市場である。

このリスク、すなわち利口すぎることのリスクこそ、この戦略につきものである。創造的模倣は、ある単純な理由から、ハイテク分野で最も有効に働く。すなわち、ハイテクのイノベーションを最初に行う者は、市場志向であることがほとんどなく、技術志向、製品志向だからである。そのため、彼らは自らの成功を誤って理解し、自らが生んだ需要に応えることができない。ただしアセトアミノフェンやクォーツ・デジタル時計の例が示すように、ハイテクのイノベーションを行う者だけがそうだというわけではない。

創造的模倣は、市場の支配を目指すがゆえに、パソコンや時計、鎮痛剤など、完結した製品、工程、サービスについての戦略に適している。ただし総力戦略ほどには大きな市場を必要としない。リスクも大きくはない。創造的模倣を行う者が仕事を始める頃には、市場はすでに明らかであり需要もすでに生まれている。

しかし創造的模倣は、鋭敏な触角、柔軟さ、市場への即応性、そして何よりも厳しい仕事と膨大な努力を必要とする。

柔道戦略

一九四七年、ベル研究所がトランジスタを開発した。ラジオやテレビの真空管の代わりになることは直ちに明らかになった。誰もが知っていた。だが誰も何もしなかった。当時アメリカの大手電機メーカーはトランジスタへの転換を一九七〇年頃に行う計画を立てた。そしてそれまではトランジスタは使いものにならないとした。

ところが国際的にまだ無名で、家電メーカーの間でさえあまり知られていなかったソニーの盛田昭夫が、トランジスタのことを新聞で知るや直ちにアメリカへ飛び、そのライセンスを総額二万五〇〇〇ドルという破格の安値でベル研究所から買った。二年後ソニーは、重さが真空管ラジオの五分の一以下、値段が三分の一以下という最初のポータブルラジオを世に出した。三年後にはアメリカのラジオ市場を手に入れ、五年後には世界の市場を手に入れた。

これは予期せぬ成功の拒否と利用の古典的な例である。アメリカの大手電機メーカーは、自分たちの発明ではないという理由で、すなわちRCAやGEなどの業界を代表するリーダー企業の発明ではないという理由でトランジスタの利用を拒んだ。プライドが邪魔をした。彼らは技術の粋を集めた高級ラジオを誇りにしていた。シリコンチップのラジオは、彼らにとっては体面に関わるほどのものではなかったが高級なものではなかった。

ポイントは、いかにしてソニーが成功したかにあるのではない。日本企業がこの戦略を何度も使い、そのたびに成功し、アメリカ企業を驚かせてきたことにある。

日本のメーカーは、この戦略を、テレビ、クォーツ・デジタル時計、プログラマブル電卓で繰り返した。コピー機に参入し、草分けのイノベーターであるゼロックスから市場のかなりの部分を奪ったときもこの戦略を使った。言い換えるならば、日本企業は、アメリカ企業に対し柔道戦略をとることによって何度も成功してきた。

シティバンクも、ドイツでファミリエンバンクなる消費者銀行を設立し、数年の間に消費者金融で支配的な地位を得た。他の銀行も、普通の消費者が購買力をもつようになり上客になりうることは知っていた。彼らも消費者金融に進出した。しかし本気ではなかった。特にそれまで法人客と富裕な個人客を顧客にしていた大銀行にとって、一般の消費者は自らの威厳にそぐわない存在だった。口座を開きたければ郵便貯金に行けばよい。

広告で何といおうが、ドイツの銀行は、その重々しい支店にやって来た一般の人たちに対し、そっけない態度をかなりあからさまに示した。これがシティバンクが一般向けの金融サービスを設計し、ファミリエンバンクを設立したときに利用した状況だった。シティバンクのファミリエンバンクは、手強いドイツの銀行がドイツ中に支店を張り巡らしていたにもかかわらず、わずか五年の間に消費者金融で支配的な地位を得た。

金庫破りにせよ、こそ泥にせよ、常習犯は同じ手を使う。彼らは個性的な痕跡を指紋のように残す。何度逮捕されても変えない。性癖から逃れられないのは犯罪の常習犯だけではない。企業や業界も同じである。何度トップの地位と市場を奪われようとも性癖は変えられない。アメリカ企業は日本企業に何度市場を奪われても性癖を変えなかった。

泥棒は自らの性癖のゆえに逮捕されたことを認めない。逮捕の原因となった性癖を直さず、言い訳を探す。自らの性癖によって市場を失った企業も、それを認めない。ほかの原因を言い訳にする。例えば、日本企業の成功を低賃金のせいにする。しかし、ＲＣＡやマグナボックスのように現実を認識しているアメリカのメーカーは、アメリカの高賃金と福利厚生費を負担しつつ、日本企業と競争できる価格と品質の製品を生産している。

ドイツの銀行は、シティバンクの成功について、自分たちには冒すことのできないリスクだったと弁解する。しかし実際には、ファミリエンバンクの貸し倒れはドイツの銀行よりも少ない。貸し付け条件はドイツの銀行と同じように厳しい。もちろんドイツの銀行はこのことを知っている。それでもなお、彼らは自らの失敗とファミリエンバンクの成功について弁解を続ける。典型的というべきである。ここにこそ、なぜ柔道戦略という同じ戦略が何度も成功するかを示すヒントがある。

新規参入者に、柔道戦略を使わせ、急成長させ、トップの地位を得させるのは、先行者に共通して見られる五つの悪癖のいずれかが原因である。

第一に、米語でいうところのＮＩＨ（Not Invented Here：自分たちの発明ではない）という態度、自分たちが考えたもの以外にはろくなものがないという傲慢さがある。この傲慢さのゆえに、先行者は、大手電機メーカーがトランジスタに対してそうだったように、新しいイノベーションを鼻であしらう。

第二に、最も利益のあがる部分だけを相手にするという、いいとこ取りがある。

これは、ゼロックスが行い、その結果、日本のコピー機メーカーに機会を与える結果になったものである。ゼロックスは大手ユーザーに的を絞っていた。ほかの顧客を相手にしないわけではなかったが力を入れなかった。当然彼らはサービスに不満をもった。そのため競争相手にとって参入しやすくなっていた。

市場のいいとこ取りは、経営学的にも経済学的にも初歩的な間違いである。常に市場の喪失という罰を受ける。

ゼロックスは資産に安住した。確かに大きな資産であり大きな利益があがっていた。しかし、いかなる事業といえども資産に頼りつづけるわけにはいかない。いいとこ取りは資産への依存である。しかも一度この性癖を身につけると、それはずっと続く。柔道戦略の攻撃を受けやすくなっていく。

第三に、価値についての誤解がある。製品やサービスの価値は供給者がつくるものではない。顧客が引き出し、対価を払うものである。製品は、生産が難しく金がかかることに価値があるのではない。それは単にメーカーとしての無能を示すだけである。顧客は、自分にとって有用なもの、価値を提供してくれるものに対価を払う。それ以外のものは価値ではない。

一九五〇年代、アメリカの大手電機メーカーは、真空管を使う自分たちのラジオが、より大きくより精緻であって、まさに三〇年に及ぶ努力の結晶であるがゆえに価値があるとしていた。彼らは、トランジスタラジオが未熟練工でも生産できるのに対し、自分たちのラジオは高度の技能を要することをもって価値があるとした。

しかし消費者からすれば、トランジスタラジオのほうが明らかに価値があった。軽く、浜辺やピクニックにもっていけた。故障することなく、真空管を取り換える必要もなかった。しかも安かった。音域や音質も優れていた。品質も、肝心なときに「一六本の真空管のうち必ず一本は切れてしまう」最高級ラジオより優れていた。

第四に、いいとこ取りや、価値についての誤解に関係のあることとして、創業者利益なる錯覚がある。創業者利益こそ常に潜在的な競争相手に対する招待状である。

一九世紀初めのフランスのＪ・Ｂ・セイやイギリスのデイヴィッド・リカード以来、経済学は、完全独占以外で大きな利益を得る方法はコストと価格との差しかないと認識してきた。しかし、コストと価格との差によって利益を得る試みは必ず失敗する。それは競争相手に傘をさしかけてやることになる。

トップの地位を確立している者にとって大きな利益に見えるものも、実際は数年後に覇権を争うべき新規参入者に与える補助金にほかならない。創業者利益は、株価の上昇をもたらす喜ばしいものではなく自らに対する脅威とみなさなければならない。それは危険な弱みである。ところが創業者利益なる幻想は、それが常に柔道戦略に門を開くものであるにもかかわらず、今日あまりに一般化している。

第五に、すでに地位を確立している企業によく見られ、かつ必ず凋落につながるものとして、多機能の追求がある。それは製品やサービスの最適化ではなく最大化を求めることである。典型がゼロックスである。市場の成長に伴い、一つの製品やサービスによってすべてのユーザーを満足させようとする。

化学反応をテストするための新しい分析機器を開発したとする。当初、市場は企業の研究所に限られている。やがて大学の研究所や専門の研究機関、あるいは病院が購入し始める。そしてそれぞれが少しずつ違うものを要求する。そこで新しい顧客を満足させるために新しい性能を加え、さらに次の顧客を満足させるために次の性能を加える。こうして単純な機器だったものを複雑きわまりないものにする。機器の機能を最大化する。

その結果、その機器は誰も満足させられないものになる。なぜならば、みなを満足させるということは誰も満足させられないということだからである。しかも価格は高くなり、使い方や補修も難しくなる。それにもかかわらずメーカーのほうは自信満々である。新聞の全ページ広告では六四種類もの機能を列挙する。

そのようなメーカーが柔道戦略の犠牲となるのはほとんど確実である。まさに強みとするものが仇となる。

新規参入者が、一つの市場、例えば病院用機器を開発する。病院が必要としない機能、病院が毎日必要とはしない機能は何一つつけていない。病院が必要とする機能はすべて備えている。しかも、多目的な機器よりも機能が優れている。次にこの新規参入者は、研究所用、政府機関用、産業用の機器を開発する。こうして、ユーザー別の機器によって、すなわち最大化ではなく最適化を図ることによってすべての市場をもっていく。

日本のコピー機メーカーは、特定のユーザー、すなわち、歯科医、医師、校長室向けなど、小さなオフィス用のコピー機を開発して競争に参入した。ゼロックスが誇りとしていた高速性や鮮明度では対抗しようとしなかった。彼らは、小さなオフィスが必要とするもの、安価で簡単なコピー機を導入した。そしてひとたび市場で地歩を固めるや、次の市場にとって最適な機器を開発し参入していった。同じようにソニーも最初に安いポータブルラジオから参入した。そこで地歩を固め、次の市場へと移っていった。

柔道戦略を使う者は、例えばシティバンクのファミリエンバンクに反撃しなかったドイツの銀行のように、トップ企業が本気で守ろうとしない海岸の一部を確保する。そこで市場と売上げを手に入れると次の一部を確保する。やがて島全体を確保する。しかも何度も同じ戦略をとる。それぞれの市場向けに最適の製品やサービスを設計する。すでにトップの地位にある企業が戦いに勝つことはほとんどない。彼らは、新規参入者に支配権を奪われるまでそれまでの事業のやり方を変えようとしない。

柔道戦略が特に成功する状況が三つある。

第一に、すでに地位を確立しているトップ企業が予期せぬ成功や失敗を取り上げず、見過ごしたり、無視したりするときである。ソニーが利用した状況がまさにこれだった。

第二に、ゼロックスがもたらした状況である。新しい技術が出現し急成長する。新しい技術を市場に導入した者は古典的な独占体として行動する。すなわち地位を利用し、市場のいいとこ取りをし、創業者利益を手にする。

これに対し、いわゆる博愛的独占体は競争相手が価格を下げる前に自らの製品の価格を下げる。競争相手ではなく、自らの手によって新製品を導入し自らの製品を陳腐化する。この戦略の正しさを証明する例はいくつもある。デュポンは長年にわたってそのように行動してきた。AT&Tも一九七〇年代のインフレで問題を抱えるようになるまではそのように行動していた。

もしトップ企業がその地位を利用して大きな利益をあげようとするならば、自ら進んで柔道戦略を使う者に倒されようとするに等しい。同じように、急成長を遂げつつある新しい市場で、トップ企業が製品やサービスの最適化ではなく最大化を目指すとき、柔道戦略の犠牲になりやすくなる。

第三に、市場や産業が急速に構造変化するときである。それはファミリエンバンクが登場したときの状況である。

ドイツが一九五〇年代から六〇年代へと経済発展するにつれ、一般の消費者たちはそれまでの預貯金やローンを超えた新しい金融サービスの顧客となった。だがドイツの銀行は、昔ながらの市場に固執したままだった。

柔道戦略は、常に市場志向であり市場追随である。ただしスタートは技術からであってよい。

盛田昭夫は、第二次世界大戦の荒廃から十分立ち直っていない日本を発って、トランジスタのライセンスを得るためにアメリカに飛んだ。彼は、真空管の重さと壊れやすさのために当時の技術がニーズに応えきれていない市場、つまりポータブルラジオの市場に目をつけた。あまり金はないが音質にうるさくない若者の市場、しかもそれまでの技術では対応できない市場に目をつけた。

同じように、アメリカの長距離通話割引業者は、AT&Tから直接割引を受けるほどの通話量はないが毎月かなりの長距離通話料を払っている企業を顧客とした。そしてそれら中規模ユーザーの市場で相当のシェアを得たあと、大口ユーザーと小口ユーザーを顧客にしていった。

柔道戦略を使うには、業界、取引先、商慣習、特に間違った商慣習、経営政策の分析からスタートする。しかる後に、市場を調べ、この戦略に対する抵抗が最も小さく最も成功しそうな分野を探す。もちろん柔道戦略にもイノベーションが必要である。同じ製品やサービスを安価で提供するだけでは十分でない。既存のものとの差別化が必要である。

ROLMはAT&Tと競争して企業用電話交換機を開発したとき、いくつか小さな機能を加えた。それは発明でもハイテクでもなかった。だがROLMはAT&Tと違い、マーケティングに力を入れた。

同じように、シティバンクはファミリエンバンクを設立したとき、トラベラーズチェックや税務相談などドイツの銀行とは違う新しいサービスを加えた。

新規参入者は、すでに地位を確立しているリーダー企業と同じものを安い価格や優れたサービスで提供するだけでは十分でない。若干の差別化が必要である。

総力戦略や創造的模倣戦略と同じように、柔道戦略もトップの地位を目指し、やがては支配権をねらう。しかし、トップ企業と正面切って戦うことはしない。少なくともトップ企業が挑戦を気にしたり、脅威とみなしたりする分野では競争しない。柔道戦略とはゲリラ戦略の一つである。

第18章　ニッチ戦略

総力戦略、創造的模倣戦略、柔道戦略という三つの企業家戦略は、市場や業界の支配はねらわなくとも、トップの地位は目指す。これに対し、隙間（ニッチ）の占拠を目指すニッチ戦略は目標を限定する。すでに述べた三つの戦略が、大きな市場や業界で支配的な地位を占めようとするのに対し、ニッチ戦略は限定された領域で実質的な独占を目指す。先の三つの戦略が競争を覚悟しているのに対し、ニッチ戦略は競争に免疫になることを目指し、挑戦を受けることさえないようにする。

総力戦略、創造的模倣戦略、柔道戦略に成功すれば、大企業となり、普通名詞とまではいかなくとも目立つ存在となる。これに対し、ニッチ戦略に成功しても名をあげることはなく実をとるだけである。それらの企業は目立つことなく優雅に暮らす。この戦略のポイントは、製品としては決定的に重要でありながら、ほとんど目立たず誰も競争しにこない点にある。

ニッチ戦略には三つあり、それぞれに特有の条件、限界、リスクがある。関所戦略、専門技術戦略、専門市場戦略である。

関所戦略

アルコン・ラボラトリーズは、老人性白内障の手術に時間がかかる原因になっていたプロセスを取り除く酵素を開発した。開発が終わり特許を取得すると、その酵素は関所の地位を得た。手術に使う酵素小さじ一杯は、いかに高価であっても手術費用全体からすればわずかだった。この酵素のコストを調べた眼科医や病院など一つもないだろう。

市場は小さく、世界全体でも売上げは年間五〇〇〇万ドル程度である。競合品を開発するほどの価値はない。価格を下げても白内障の手術が増えるわけではない。いかなる競争相手といえども、できることはせいぜい世の中のために価格を下げることだけであって、自ら利益をあげることはできない。

これと似た関所的な地位を長年占めてきたのが、五、六〇年前に油井の火災防止装置を開発したある中堅機械メーカーだった。油井の掘削コストは数百万ドルに達する。火災が起これば油井そのものが破壊され、それまでの投資が無駄になる。したがって、掘削中の油井を災害から守る火災防止装置は、いかなる価格であろうとも安い保険である。

この場合も、市場は非常に小さく競争相手となりうる企業にとって魅力はない。といって、掘削費用の一％程度にすぎない火災防止装置の価格を下げても、掘削する油井が増えるわけではない。したがって、競争は価格を下げるだけであって需要を増やさない。

関所戦略のもう一つの例が、現在、W・R・グレースの一部門となっているデューイ＆アルミーの事業だった。同社は、一九三〇年代に缶詰の缶を密閉するための材料を開発した。缶の密閉は缶詰に欠かせない。欠陥があれば破滅的な事故を起こす。ボツリヌス菌によって一人でも死ねば、缶詰会社は簡単に破産する。

したがって、缶詰の腐敗を防止する缶の密閉材料はいかなる値段でも安いといえる。しかも、一缶当たり一セント以下という密閉コストは、缶詰全体のコストあるいは事故のコストと比べてずっと安い。誰も気にしない。問題はコストではない。

この市場も、前述の酵素や火災防止装置の市場よりは大きいが、きわめて限定されている。価格を引き下げたからといって缶の需要を増やすことにはならない。

このように、関所の地位は最も望ましい場所である。ただし、この戦略には厳しい条件がある。製品が必要不可欠なものでなければならない。失明のリスクに伴うコストが、製品価格よりも圧倒的に大きくなければならない。市場の規模は、最初にその場を占めた者一人だけが占拠できる大きさでなければならない。一社だけが占拠でき、しかもあまりに小さく目立たないために、競争相手が現れようのない、まさに生態学的なニッチでなければならない。

もちろん、そのような関所的な場所は簡単には見つからない。通常それは何らかのギャップの中にある。アルコンの酵素のようにプロセス上のギャップであることもある。

そのうえ、関所戦略には厳しい限界とリスクが伴う。それは基本的に静的な空間である。ひとたび適所を占めてしまえば、それ以上大きな成長は見込めない。関所の地位を占めた企業が勝手に事業を拡大したり変えたりすることはできない。いかに優れ、いかに安くとも、需要はその製品が組み込まれているプロセスや製品への需要によって規定される。

このことは、アルコンにとってさほど深刻な意味はない。白内障は景気の影響を受けない。しかし油井の火災防止装置メーカーは、一九七三年に石油掘削が急増したときと一九七九年に石油ショックが起こったとき、巨額の設備投資を余儀なくされた。ブームが長続きするはずはなかったし、投資しても回収できないことは明らかだった。しかし投資はせざるをえなかった。投資しなければ市場を失い、二度と取り返せないかもしれなかった。

だがその数年後、現実に石油ブームが去り、年間の油井掘削が八〇％減少し、それとともに火災防止装置の需要が激減したとき、なす術はまったくなかった。

関所戦略は、ひとたび目標を達成すればすでに成熟期を迎えている。最終需要者の成長と同じ速さでしか成長できない。

ところが需要の減退は急速に起こりうる。需要を満たすほかの方法が発見されるならば、ほとんど一夜で陳腐化する。デューイ&アルミーは、缶詰の缶がガラス、紙、プラスチックの容器に取って代わられたり、冷凍や放射線照射による食物保存の方法が現れても講じるべき対策がない。

しかも、関所戦略をとった者はその独占を濫用することはできない。山賊となって山すその細い道や峡谷を通る無防備な旅人を強奪し凌辱することを許されない。独占を濫用して顧客を搾取し、強要し、虐待することはできない。そのようなことをすれば、ユーザーは別のメーカーを招き入れる。あるいは、たとえ優れていなくともほかの製品に切り替える。

正しい戦略は、デューイ&アルミーがすでに四〇年以上にわたり、とってきた戦略である。同社は、広範囲の技術サービスを提供し、ユーザーの従業員を訓練し、同社の材料を使用する製缶機械や缶詰機械の設計まで行っている。しかも絶えず品質の向上を図っている。

関所は難攻不落である。だがその守備範囲は狭い。

そのためアルコンは、この限界を乗り越えるべく、人工涙、コンタクトレンズ用液、非アレルギー性点眼薬など目に関するあらゆる消費財へと多角化していった。それらの新事業は、スイス系多国籍企業の大手消費財メーカー、ネスレの関心を誘い、巨額の資金で買収されるにいたったという限りにおいては成功だった。私の知る限り、アルコンは、関所戦略で成功しながら、自らが占拠した関所以外の市場においても成功した唯一の企業である。

しかしアルコンにとって、経験のない競争の激しい消費財市場に多角化したことが本当に利益になっていたかどうかはわからない。

専門技術戦略

大手の自動車メーカーの名前を知らない人はいない。ところが、電気系統システムを供給する部品メーカーの名前を知っている人はあまりいない。それら部品メーカーの数は自動車メーカーよりも少ない。アメリカではGMのデルコ・グループ、ドイツではロベルト・ボッシュ、イギリスではルーカスである。

例えば、ミルウォーキーのA・O・スミスが、何十年も前から乗用車のフレームをつくってきたことや、ベンディックスが同じく何十年も前からあらゆる種類のブレーキをつくってきたことを知る者は自動車産業の外にはほとんどいない。今日では、これら部品メーカーのすべてが歴史のある企業になっている。いずれもが自動車産業とともに育ってきている。

これらの部品メーカーは、第一次世界大戦以前の自動車産業の揺籃期に今日の支配的地位を確立した。ロベルト・ボッシュは、ドイツの自動車産業の先駆者たるカール・ベンツやゴットフリート・ダイムラーの友人であって、一八八〇年代に会社をつくっていた。

これら歴史ある部品メーカーは、専門技術によって生態学的なニッチにおける支配的地位を獲得し、以来その地位を維持してきた。彼らは優れた技術を開発することによって、かなり早い時期に市場を獲得した。

A・O・スミスは、第一次世界大戦からその直後にかけて、自動車のフレームの製造において今日いうところのオートメ化を実現した。

ドイツのボッシュが、メルセデスの軍用車両のために一九一一年頃設計した電気系統システムはあまりに先進的であって、高級車においてさえ一般に使われるようになったのは、第二次世界大戦後だった。

オハイオ州デイトンのデルコは、一九一四年にGMに合併されるよりも前にセルフスターターを開発していた。

これらの部品メーカーは、その専門技術によってあまりに先行しているために、ほかの企業にとっては挑戦する価値がなくなっている。これらの部品メーカー自体がすでに技術の基準となっている。

もちろん、専門技術によるニッチ戦略は製造業に限定されることはない。

ここ一〇年間に、主としてオーストリアのウィーンの商社が、かつてバーターと呼ばれ、今日カウンタートレードと呼ばれている分野で同じようなニッチ市場を手にしている。すなわち先進国企業からの機関車、機械、医薬品輸出に対する代価として、ブルガリア産のタバコやブラジル製灌漑用ポンプなど途上国の輸出品を受け取っている。

さらに昔、ある企業家的なドイツ人が、当人の名前をつけた「ベーデカー」なる観光用ガイドブックをつくり、大きなニッチ市場を得ている。

専門技術戦略はタイミングが重要である。新しい産業、新しい習慣、新しい市場、新しい動きが生まれる揺籃期にスタートしなければならない。

カール・ベーデカーは一八二八年、中流階級向けの蒸気船によるライン川観光が始まるや、最初のガイドブックを発行した。そして第一次世界大戦によってドイツの出版物がほかの国で受け入れられなくなるまで、事実上欧米の市場を独占した。

ウィーンの商社は、それがまだ例外的な取引だった一九六〇年頃、東欧の小国を相手にカウンタートレードを始めた。そして一〇年後、第三世界が慢性的な外貨不足に陥ったとき、それらの商社はカウンタートレードの技術をさらに向上させ、その専門家となった。

専門技術戦略を使うには、どこかで何か新しいこと、つけ加えるべきこと、あるいはイノベーションが起こらなければならない。

ベーデカーの前にも旅行者用ガイドブックはあった。だが、それらは教会や風物など文化的な情報に限られていた。

イギリス貴族の旅行者は、実務的な日常の些事、ホテルや馬車の料金、チップなどを同行の執事に任せていた。しかし、新しく現れた中流階級には執事がいなかった。この事実がベーデカーにとって機会となった。しかもベーデカーが、観光客が必要とする情報が何であるかを知り、それらの情報の入手方法や編集のスタイルを完成させたあとでは、誰も同じ投資をする気にはなれなかった。彼の編集スタイルは、今日でも多くのガイドブックに引き継がれている。

このように、専門技術による企業家戦略は、何らかの発展の初期の段階で使わなければならない。例えばアメリカでは、すでに長年にわたって航空機用プロペラを製造するメーカーは二社しかない。いずれも第一次世界大戦前に設立されている。

専門技術によるニッチ市場が偶然見つかることはあまりない。イノベーションの機会を体系的に探すことによって初めて見つけられる。企業家は、支配的地位を得られそうな専門技術が開発できる分野を探す。

ボッシュは、生まれたばかりの自動車産業について研究した。アメリカ一のプロペラ・メーカーとして歴史のあるハミルトン・プロペラは、創業者が創設期の航空機産業を体系的に調べて設立した。

ベーデカーは、新しいタイプの観光客を対象とするいくつかの事業を試みたあと、自らの名を高めることになったガイドブックをつくった。

したがって、この戦略の条件として第一にいえることは、新しい産業、市場、傾向が現れたならば、できるだけ早く専門技術による機会を体系的に探さなければならないということである。そのための専門技術を開発する時間が必要だからである。

第二にいえることは、独自かつ異質の技術をもたなければならないということである。

初期の自動車メーカーは機械の専門家だった。機械や金属やエンジンについては熟知していたが、電気については素人だった。必要とされたのは、彼らが保有せず習得の道も知らない知識だった。

ベーデカーの時代にも出版社はあった。だが膨大な量の細かな情報を現場で集め、確認し、旅行記者を手配しなければならないガイドブックの編集は彼らの守備範囲ではなかった。

そしてカウンタートレードは、貿易でも金融でもなかった。

専門技術によるニッチ市場を確立した企業は、顧客と取引先のいずれからも脅威を受けることがない。彼らは、技術的、気質的に異質なものにあえて入り込んでこようとはしない。

第三にいえることは、専門技術戦略によってニッチの確保に成功した企業は、たえずその技術の向上に努めなければならないということである。常に一歩先んじなければならない。まさに自らの手によって自らを陳腐化していかなければならない。

初期の自動車組み立てメーカーは、デイトンのデルコやシュツットガルトのボッシュが尻をたたくとこぼしていたものである。両社はしばしば、当時の自動車の水準をはるかに超え、しかも顧客が必要とし、欲しがり、払えると考えているものさえ超え、さらには組み立てメーカーが組み立て方法さえ見当のつかないような電気系統システムまで提案していた。

専門技術戦略には厳しい限界もある。その第一は、的を絞らざるをえないことである。自らの支配的地位を維持するには、自らの狭い領域、専門分野だけを見ていかなければならない。

初期の頃は、航空機の電気系統システムも自動車のそれとさして違いはなかった。しかし、デルコ、ボッシュ、ルーカスなど自動車の電気屋は、航空機の電気系統には進出しなかった。見向きもしなかった。

第二は、ほかの者に依存しなければならないということである。彼らの製品やサービスは部分品である。自動車の電気系統の部品メーカーにとって、消費者が彼らの存在を知らないことは強みであるが弱みでもある。

ルーカスはイギリスの自動車産業が不振となれば同様に不振となる。A・O・スミスは自動車のフレームのメーカーとして繁盛していたが、エネルギー危機のあと、自動車メーカーは同社のフレームを使わない車に転換し始めた。A・O・スミスはいかなる対策もとれなかった。

第三は、最も大きな危険として、時に専門技術が専門技術でなくなり、一般化してしまうことである。

第一次世界大戦前の銀行は、通貨は本来安定しているべきものとしていた。したがって、外国為替が不安定となり、交換不能な通貨が現れ、異なるレートが現れたとき、外国為替を扱うことを嫌った。彼らはその怪しげな仕事を喜んでスイスの専門家に任せた。その結果、スイスの外国為替業者がこの収益性の高い専門技術市場を占めるにいたった。

しかるに第二次世界大戦後、外国為替が日常業務になった。今日ではあらゆる大銀行が外国為替の専門家を抱えている。

専門技術戦略によって得られるニッチ市場には、ほかのあらゆる生態学的ニッチと同じように、時間的にも領域的にも限界がある。生物学によれば、そのような地位を占有する「種」は外部環境のわずかな変化にも適応できない。これは専門技術の「種」についてもいえる。

しかし、そのような限界の枠内では専門技術による地位はきわめて有利である。急速に成長しつつある技術、産業、市場では最も有効な戦略である。

一九二〇年に存在していた自動車メーカーのうち、今日も存在しているものはほとんどない。これに対し、電気系統の部品メーカーの多くは生きながらえている。専門技術による地位は、適切に維持するならば競争の脅威を避けることができる。自動車のユーザーも、ヘッドライトやブレーキのメーカーを気にかけない。

ベーデカーという名がガイドブックと同義になったあとでは、新規参入者がやって来る兆しはなかった。

このように、新しい技術、産業、市場において、専門技術戦略は機会とリスクの比が最も有利になる。

専門市場戦略

専門技術戦略が製品やサービスについての専門知識を中心に構築されるのに対し、専門市場戦略は市場についての専門知識を中心に構築される。他の点については両者はほとんど同じである。

西側世界におけるクッキーおよびクラッカー用の業務用オーブンの過半は、北イングランドとデンマークにある二つの中堅メーカーが供給している。業務用オーブンは特に技術的に難しいところはない。これら二社のメーカーと同じオーブンをつくれるメーカーは無数にある。しかし、この二社は市場を知っている。世界中の主なベーカリーを知っており、ベーカリーのほうもこの二社を知っている。そして、この二社が市場を満足させている限り、彼らと競争したいと思わせるほど市場は大きくなく魅力的でもない。

世界のトラベラーズチェックは、ヨーロッパのトーマス・クックとアメリカのアメリカン・エキスプレスという二つの旅行代理店が事実上独占していた。それは第二次世界大戦後、旅行の大衆化が進むまでは特殊な市場だった。両社は、購入者がトラベラーズチェックを現金化するまでの間、時には何か月も現金を預かり、金利を得、大きな利益をあげた。市場は、他の者の参入意欲をそそるほど大きくはなかった。しかも世界的なネットワークが必要だった。両社は旅行代理店としてネットワークをもっていた。ほかにそのようなネットワークをもつ企業はなかった。

専門市場は、「この変化にはニッチ市場をもたらすいかなる機会があるか。他に先がけてそれを手に入れるには何をなすべきか」を徹底的に問うことによって手にできる。

トラベラーズチェックそのものはさして大きな発明ではない。信用状の一種にすぎない。何百年も前から存在した。しかし、誰に対してでも発行すること、紙幣のように何種類かの金種に分けること、世界中で現金化できるようにすることだけが新しかった。こうしてトラベラーズチェックは、現金をもち歩きたくはないが、信用状を発行してくれる銀行はもっていない旅行者にとって、大きな魅力となった。

業務用オーブンにも何か特別な機能があるわけではなかった。前述の二社が行ったことは、クッキーやクラッカーが家庭ではなく工場で焼かれるようになったという変化を認識しただけだった。彼らのオーブンは技術ではなく市場を基盤としていた。技術のほうは誰でも手に入れることができた。

専門市場の地位にも、専門技術の地位と同じように厳しい条件が伴う。すなわち、第一に、新しい傾向、産業、市場について、常に体系的に分析を行っていかなければならない。第二に、トラベラーズチェックのような小さな工夫にすぎなくとも、とにかく何らかのイノベーションを加えなければならない。第三に、手に入れた地位を維持するには、製品とサービスの向上、特にサービス向上のために休まず働かなければならない。

専門市場の地位にも専門技術の地位と同じように限界がある。専門市場の地位にある者にとって最大の敵は自らの成功である。専門市場が大衆市場になることである。今日、トラベラーズチェックは、日常品となり競争の激しい世界になっている。旅行が大衆市場となったためである。

ここに香水の例がある。近代的な香水産業を生み出したフランスのコティは、第一次世界大戦後、世の中の化粧に対する考えが変わったことを認識した。それまではごく一部の女性しか使わなかった化粧品が、まともなものとして受け入れられるようになった。コティは一九二〇年代の半ば、ヨーロッパとアメリカの双方でほとんど独占的な地位を築いた。一九二九年頃までに、化粧品市場は中流階級以上の女性たちの専門市場となった。

ところが大恐慌のさなかに、この化粧品市場が、専門店で売られる高価格の高級ブランド市場と、スーパーやドラッグストアで売られる低価格の大衆ブランド市場に分化した。数年を経ずしてコティが支配していた専門市場がなくなった。コティは、高級ブランドの道を選ぶか大衆ブランドの道を選ぶかを決定できなかった。もはや存在しない市場にとどまろうとした。その後、同社は漂流を続けた。

第19章　顧客創造戦略

これまで述べてきた企業家戦略は、いずれもイノベーションの導入の仕方が戦略だった。次に述べる戦略は、イノベーション自体が戦略である。製品やサービスは昔からあるものでよい。その昔からある製品やサービスを新しい何かに変える。効用や価値、あるいは経済的な特性を変化させる。物理的にはいかなる変化も起こさなくてよい。しかし経済的にはまったく新しい価値を創造する。

それらの企業家戦略には一つの共通項がある。いずれも顧客を創造する。顧客の創造こそ常に事業が目的とするものである。さらには、あらゆる経済活動が究極の目的とするものである。この顧客創造戦略には、効用戦略、価格戦略、事情戦略、価値戦略の四つがある。

効用戦略

イギリスの学校では、郵便制度は一八三七年、ローランド・ヒルによって発明されたと教えている。もちろんそうではない。シーザーの古代ローマにも優れた郵便制度があり、帝国の隅々まで配達人たちが定期的に郵便を届けていた。

一五一六年、スペイン王カルロス一世はこの古代ローマに立ち返り、郵便の独占権をタキシス家に与えた。彼はタキシス家からの献金によって選挙侯たちを買収し、神聖ローマ帝国の皇帝の地位についた。切手収集家ならば周知のように、タキシス家による郵便の独占は一八六六年まで続いた。

一七世紀の半ばには、他のヨーロッパ諸国が神聖ローマ帝国にならった。一〇〇年後にはアメリカの植民地が続いた。そしてキケロ、セヴィニェ夫人、チェスターフィールド、ヴォルテールなどヨーロッパの偉大な書簡作家たちが後世に残る手紙を書いた。すべてローランド・ヒル以前のことだった。

しかし、いかなる技術も、いかなる新しいものも、特許がとれそうないかなるものも生み出さなかったにもかかわらず、今日の郵便制度を発明したのは、やはりローランド・ヒルである。当時、郵便料金は、受取人払いであって距離と重さによって計算されていた。料金が高く時間もかかった。いちいち重さを量らなければならなかった。ヒルはこの料金を距離に関わりなく一律にした。前払いとし印紙を貼らせた。一夜にして郵便は便利で簡単になった。投函さえすればよくなった。値段も安くなった。職人一日分の賃金である一シリングに相当していた料金が一ペンスとなった。大きさの制限もなくなった。こうして郵便制度が生まれた。

ヒルは、サービスとしての郵便を変え、新しい効用を創造した。これこそ重要なことである。ヒルによって実現された九〇％安という料金の低下さえ二義的なことにすぎない。重要なことは、郵便が便利になり誰でも利用できるようになったことだった。もはや儀礼や訓戒だけのための書簡ではなくなった。洋服屋が郵便で請求書を送れるようになった。郵便は爆発的な伸びを見せ、四年で二倍、次の一〇年でさらにその四倍となり、値段も無視できる水準になった。

効用戦略では価格はほとんど関係ない。顧客が目的を達成するうえで必要なサービスを提供する。

顧客にとって「真のサービスは何か」「真の効用は何か」を追求する。

アメリカの花嫁は結婚祝いに磁器を欲しがる。贈る側としては一揃いでは高すぎる。何か一つを選ぶにしても何が欲しいかわからない。そこで磁器以外のものにする。つまり磁器の需要はあったが、顧客にとっての効用に結びついていなかった。

中堅食器メーカーのレノックス・チャイナは、これをイノベーションの機会としてとらえた。昔の習慣である花嫁目録を使って食器の注文を受けた。花嫁は小売店を選び、欲しいセットと、お祝いをくれそうな人たちの名前を伝えておく。小売店は、それらの人たちに「いくらぐらいのものがよろしいですか」「それではコーヒーカップ二つでいかがでしょう」「もうコーヒーカップはそろいましたので、デザート用のお皿がよろしいようです」と勧める。花嫁は満足し、贈り主も満足し、レノックス・チャイナは大いに満足する。

そこにはハイテクも特許もない。あるのは、顧客ニーズに焦点を合わせることだけである。この花嫁目録は、その単純さにもかかわらず、いやむしろその単純さのゆえに、レノックス・チャイナを人気ある陶磁器メーカーに押し上げ、アメリカで最も急速に成長する中堅企業の一つにした。

この戦略によって、顧客は自らの欲求やニーズを自由に満足させることができる。

洋服屋は、受け付けに三時間かかり、料金は受取人払いであって、しかも洋服そのものと同じような値段では、郵便で請求書を送ることはできない。ローランド・ヒルはサービス自体は変えなかった。それまでと同じ郵便係、郵便馬車、配達人を使った。しかし彼の郵便はまったく新しいサービスになった。効用が新しくなった。

価格戦略

長年の間、世界で最も有名なアメリカ人の顔は、かみそりの刃の箱を飾っているキング・ジレットだった。毎朝、世界中の何百万という男たちがジレットの刃を使った。安全かみそりを発明したのはジレットではなかった。安全かみそりについては、一九世紀末の一〇年間に数十にのぼる特許が認められていた。

一八六〇年、七〇年頃までは、ひげの手入れをしなければならないのは、貴族、自由業、大商人だけであって、彼らは床屋に行くことができた。ところが突如、商人、店員、事務員などが外見を立派に見せる必要が出てきた。

しかし、自分で西洋かみそりを使える者、平気で危ない刃物を使える者はあまりいなかった。床屋は高く、もっと悪いことには時間がかかった。そこで多くの発明家が安全かみそりなるものを考案した。いずれも売れなかった。床屋は一〇セントだったが、最も安い安全かみそりは五ドルだった。一日一ドルが高い賃金だった頃としてはあまりに高かった。

ジレットのものが特に優れているわけではなかった。生産コストはむしろ高かった。しかし、ジレットは安全かみそりそのものを売ろうとはしなかった。卸値二二セント、小売値五五セントにし、生産コストの五分の一の価格をつけた。ただし、自社の刃しか使えないように設計した。刃のコストは一セント以下だったが、それを五セントで売った。刃は六、七回使えたので一セント以下でひげをそることができた。それは床屋の一〇分の一以下だった。

ジレットが行ったことは、メーカーが売るものではなく消費者が買うもの、つまりひげそり自体に値をつけることだった。消費者のほうも他社の安全かみそりを五ドルで買い、一セントか二セントで刃を買ったほうが、総額としては安上がりなことを知っていた。消費者というものは、広告代理店やラルフ・ネーダーが思っているほどにはものを知らないわけではない。

しかし、ジレットの価格設定は、彼らにとって意味があった。彼らは、ひげそりに対して対価を払うのであって、モノに対して払うのではなかった。ジレットのかみそりとその刃は、西洋かみそりよりも安全であり、かつ近くの床屋よりもはるかに安かった。


コピー機の特許が、ハロイドというニューヨーク州ロチェスターにある無名の会社に属することになり、印刷機械の大手メーカーのものとならなかったのは、後者が市場を見出せなかったからだった。彼らの計算では最低四〇〇〇ドルで売らなければならなかった。カーボン紙がただ同然のときに、コピー機にそれだけの金を払う者がいるはずがなかった。四〇〇〇ドルを支出するには、投資に対する見返りを説明する計算書と、役員会用の支出承認申請書という、秘書用の事務機には不相応の書類を必要とした。

ハロイドすなわち今日のゼロックスは、特許を買い取ったコピー機に大幅に手を加えた。最大のイノベーションは価格設定の仕方にあった。コピー機を売るのではなく、コピー機が生み出すもの、コピーを売った。コピーが一枚当たり五セントや一〇セントならば支出承認申請書など必要ない。雑費として秘書が支出できる。コピー機の価格をコピー一枚五セントとして設定したことがイノベーションとなった。

供給者のほとんどが価格設定を戦略としてとらえようとしない。価格設定の仕方によって、顧客は、供給者が生産するものではなく自分たちが買うもの、すなわち一回のひげそり、一枚のコピーに対価を払うようになる。総額として払う額はさして変わらない。支払いの方法を消費者のニーズと事情に合わせればよい。消費者が実際に買うものに合わせるだけのことである。供給者にとってのコストではなく、顧客にとっての価値に対し価格を設定すればよい。

事情戦略

大型蒸気タービン市場におけるGEのリーダーとしての地位は、第一次世界大戦前、顧客の事情を徹底的に検討することによってもたらされた。それまでのピストンエンジンに代わって、発電用として登場した蒸気タービンは、高度のエンジニアリングを必要とする複雑な装置だった。調達した電力会社ではメンテナンスできなかった。技術的な支援が必要だった。メーカー側がメンテナンスのための支援チームを組織しなければならなかった。

しかし、電力会社はメンテナンスに金を払えなかった。電力会社が大きな支出をするには、州の公益事業委員会の許可が必要だった。公益事業委員会はそのような仕事は電力会社自らが行うべきであるとした。したがって、GEはメンテナンス費用を請求できなかった。

ところが、蒸気タービンのブレードは五年から七年で替えなければならなかった。タービンメーカーから調達しなければならなかった。そこで、GEは発電所向けの世界一のメンテナンス部門をつくった。ただしメンテナンス部ではなく、関連機器販売部と名づけた。電力会社に対しメンテナンスの代金を請求しなかった。タービンの価格も競争相手より高くはしなかった。単にメンテナンスのコストと利益を交換用ブレードの価格に上乗せした。一〇年を経ずして、他のメーカーもこのシステムを理解しまねた。だがその頃には、すでにGEが世界市場においてトップの地位を占めていた。

一八四〇年代、顧客の事情に対応するという同じ考え方が分割払いなるものを生み出した。

サイラス・マコーミックは、収穫機を発明した大勢の一人にすぎなかった。需要があることは確かだったが、ほかのメーカー同様、製品を売ることはできなかった。農民に購買力がなかった。収穫機の代金が二、三年で回収できることは誰にもわかっていた。だが当時、農機具代を農民に貸す銀行はなかった。そこでマコーミックは三年分割払いで売ることにした。農民は彼の収穫機を買えるようになった。そして買った。

メーカーは合理的に行動しない顧客のことをこぼす。しかし合理的に行動しない顧客などいない。昔からいわれるように、いるのは不精なメーカーだけである。顧客は合理的に行動する。単に顧客の事情がメーカーの事情と違うだけである。

公益事業委員会の規則や規制は意味のない恣意的なものに思われるかもしれない。しかし、公益事業委員会監督のもとに事業を行わなければならない電力会社としては、それは現に存在する事実である。

アメリカの農民は、一八四〇年代の銀行が考えていたよりも信用力はあったかもしれない。しかし当時、アメリカの銀行が農民の設備投資に対し融資をしなかったことも事実だった。

イノベーションのための戦略は、それらの事実が顧客に関わりをもつ限り不可避の事実として認めるところから始まる。顧客が買うものは、それが何であれ彼らの事情に合ったものである。事情に合ったものでなければ何の役にも立たない。

価値戦略

顧客創造戦略としての価値戦略は、メーカーにとっての製品ではなく、顧客にとっての価値を提供する。この戦略は、顧客の事情を顧客のニーズの一部として受け入れるという前述の戦略の延長線上にある。

アメリカ中西部のある中堅企業は、ハイウェイ建設用ブルドーザー、露天掘りの表層土除去用重機、炭坑の石炭運送用大型トラックに使う潤滑油の市場の半分以上を支配している。この潤滑油メーカーは、あらゆる種類の潤滑油を取りそろえる大手石油会社と競争関係にある。しかし、このメーカーが成功しているのは潤滑油を売ることによってではない。このメーカーは一種の保険を売っている。

土木業者にとっての価値は潤滑油そのものではない。機械の稼働時間である。大型機械が動かなくなるために失われる時間は、潤滑油の年間費用をはるかに上回る損失をもたらす。そもそも請負契約が工期を正確に算定し寸刻を惜しむことを前提にしている。ペナルティは厳しい。

そのメーカーは、そのような土木業者のために機械のメンテナンスを分析する。次に年間のメンテナンス計画と費用を示し、潤滑油を原因とする年間稼働時間の損失を一定時間内に抑えることを保証する。もちろん自社の潤滑油の使用を前提とする。土木業者は潤滑油を買うのではない。稼働時間という彼らにとって最も大きな価値を買う。

最後の例は、いわば製品からシステムへの移行というべきものであって、ミシガン州ジーランドのハーマン・ミラーの例である。

ハーマン・ミラーは、イームス椅子なるオリジナル・デザインの椅子メーカーとして有名になった。しかしほかのメーカーがオリジナルの椅子に進出してくるや、一般企業や病院のオフィス内設備一式を売るようになり大きな成功を収めた。さらにその後、施設マネジメント研究所を設立し、仕事の流れ、生産性、労働環境、コストの観点から、オフィスのレイアウトとオフィス機器に関するアドバイスまで売るようになった。同社は顧客にとっての価値を明らかにした。

同社は、「顧客が実際に買っているものは仕事や志気や生産性である。したがって代金も、それらのものに対してでなければならない」といっている。

これらの例は当たり前のことに思われるかもしれない。多少なりとも頭を使えば、誰でも同じ戦略を考えるのではないか。理論経済学の父デイヴィッド・リカードは、「利益は、賢さの違いからではなく、愚かさの違いから生まれる」といった。まさに企業家は、自らが賢いからではなく、ほかの者が何も考えないから成果をあげる。わかりきったことであるがゆえに成果をあげる。

それではなぜ、これらの例が示すように、顧客が何を買うかを考える者は必ず勝てるにもかかわらず、それが稀にしか見られないのか。競って考えるということをしないのはなぜか。

理由の一つは経済学とその価値論にある。確かにあらゆる経済学が、顧客は製品ではなく製品が提供するものを購入するという。ところがそのあと経済学は、製品の価格以外のこと、すなわち顧客が製品やサービスの所有や占有のために支払う価格以外のことについては、いっさい言及しない。製品が顧客に提供するものについては二度と触れない。

不幸なことに、製品やサービスの供給者はこの経済学に従う。確かに「製品Aの生産コストはXドルである」ということには意味がある。「生産コストをカバーし、かつ資本コストをカバーして適切な利益を計上するには、Yドルを得なければならない」ということにも意味がある。しかし、「したがって、顧客は製品Aに対し現金Yドルを支払わなければならない」ということにはならない。

正しい言い方は、「顧客が製品に対して支払うものは、われわれにYドルをもたらさなければならない。しかし、顧客がどれだけ支払うかは顧客次第である。製品が顧客のためにできること次第である。顧客の事情に合うもの次第である。顧客が価値とするもの次第である」でなければならない。単なる価格を超えたものとしての価値が必要である。

キング・ジレットに対し、四〇年にわたるひげそり市場の事実上の独占を与えたものがこの洞察だった。小さなハロイドを一〇年後に売上げ数十億ドルを誇るゼロックスに変えたものも、GEに対し蒸気タービン市場における世界的リーダーの地位を与えたものも、この洞察だった。

これらの企業はいずれも大きな利益をあげつづけた。それらの利益は彼らが自ら得たものである。顧客に満足を与え、顧客が買いたいものを提供したこと、彼らの支払う額に見合うものを提供したことによって得たものである。

読者の多くは「それはマーケティングの初歩にすぎない」というかもしれない。そのとおりである。マーケティングの初歩以外の何ものでもない。顧客にとっての効用、顧客にとっての価格、顧客にとっての事情、顧客にとっての価値からスタートすることは、マーケティングのすべてである。四〇年もマーケティングが説かれ、教えられ、信奉されながら、それを実行する者があまりに少ない理由は私にも説明できない。

しかし、企業家戦略の基礎としてマーケティングを行う者だけが、市場におけるリーダーシップを、直ちにしかもほとんどリスクなしに手に入れているという事実は残る。

企業家戦略は、イノベーションや、企業家としてのマネジメントと同じように重要である。これら三つのものが一体となって、イノベーションと企業家精神が生まれる。利用しうる企業家戦略はかなり明確であって種類もあまり多くはない。しかしそれは、イノベーションや企業家としてのマネジメントに比べて若干具体性に欠ける。

イノベーションの機会がどこにあり、いかに分析すべきかは優れて明らかである。既存の企業や公的機関に企業家精神を発揮させるための正しい原理と方法、間違った原理と方法もきわめて明らかである。ベンチャーが行うべきことや行うべきでないことも明らかである。

しかし、いかなるイノベーションにいかなる企業家戦略を適用するかの判断には大きなリスクが伴う。ある種の企業家戦略はある種の状況に最適である。例えば、私が柔道戦略と呼んだ戦略は、主導的な地位にある企業が自己満足の状態にあるとき、うってつけの戦略となる。企業家戦略のそれぞれに特有の利点や限界も明らかである。そして何よりも、企業家戦略というものが、顧客にとっての効用や価格、顧客に特有の事情や価値からスタートするとき、成功の確率がきわめて高いことも明らかである。

イノベーションとは市場や社会における変化である。それは顧客に対しより大きな利益をもたらし、社会に対しより大きな富の増殖能力、より大きな価値、より大きな満足を生み出す。イノベーションの値打ちは、顧客のために何を行うかによって決まる。同じく企業家精神も、常に市場志向、市場中心である。

しかし、企業家戦略は意思決定の分野に属し、したがってリスクを伴う。それは直感や賭けではない。とはいえ厳密な意味での科学でもない。それは判断である。

終章　企業家社会

われわれが必要とする社会

「それぞれの世代がそれぞれの革命を必要とする」とは、トマス・ジェファーソン晩年の言葉である。同時代のドイツの偉大な詩人ゲーテも、その保守的な性向にもかかわらず晩年に同じ気持ちをうたった。「存在の理由はなくなり、恵みは苦しみとなる」。いずれも啓蒙思想とフランス革命がもたらしたものへの幻滅を表していた。

彼らの言葉は、一五〇年後の今日、あの偉大な約束、福祉国家がもたらしたものについてもいえる。真に困窮した者、障害ある者のためにプロシアで生まれ、世界に広がり、やがてすべての者の権利となり、いまや生産活動に携わる者すべての負担となった、あの福祉国家である。

組織、制度、政策もまた、製品やサービスと同じように生命を失ったあとも生き延びる。目的を達したあとも生き延びる。目的を達せられなくとも生き延びる。一度できあがったメカニズムは生きつづける。しかし、そのメカニズムの設計にあたって前提とされたものは、先進国の医療制度や年金制度の前提となっていた一〇〇年前の人口構造と同じように変化し、無効になっている。まさに「存在の理由はなくなり、恵みは苦しみとなる」。

しかも、ジェファーソンの時代以降明らかなように、革命は解決にはならない。革命は、構想することも、方向づけすることも、コントロールすることもできない。しかも、それは間違った者に権力を与える。さらに悪いことには、当然のことのように結果が約束の逆となる。

一八二六年にジェファーソンが亡くなって数年後、政府と政治の偉大な解剖家アレクシス・ド・トクヴィルは、「革命は体制の牢獄をなくさず拡大するのみである」と指摘した。事実、フランス革命のあとに残ったものは、革命前の足かせだった制御不能な官僚システムへの従属であり、政治的、知的、芸術的、経済的活動の一極集中だった。

ロシア革命がもたらしたものも、土地耕作者に対する農奴制、全能の秘密警察、腐敗しかつ硬直化した強圧的官僚システムだった。まさに自由主義者や革命家が激しく攻撃したツァーの体制そのものだった。同じことは、毛沢東の死の舞踏ともいうべき文化大革命にも起こった。

われわれはすでに、革命が幻覚だったこと、幻想、偽りの神話だったことを知る。しかし、革命は成熟による腐敗から起こる。破綻から起こる。自己革新の失敗から起こる。われわれは、理論、価値、その他人の心と手によるあらゆるものが、年をとり、硬直化し、陳腐化し、苦しみに変わることを知っている。

かくして、経済と同様に社会においても、あるいは事業と同様に社会的サービスにおいても、イノベーションと企業家精神が必要となる。イノベーションと企業家精神が、社会、経済、産業、社会的サービス、企業に柔軟性と自己革新をもたらすのは、まさにそれが一挙にではなく、この製品、あの政策、あちらの社会的サービスというように段階的に行われるからである。青写真ではなく機会やニーズに焦点を合わせるからである。暫定的であって、期待した成果、必要な成果をもたらさなければ消え去るからである。言い換えるならば、教条的ではなく現実的であり、壮大ではなく着実だからである。

イノベーションと企業家精神は、ジェファーソンがそれぞれの世代の革命によって実現することを望んだものを実現する。流血、内戦、強制収容所、経済的な破局なしに、一定の目的と方向性とコントロールのもとに実現する。われわれが必要としているものは、イノベーションと企業家精神が当たり前のものとして存在し継続していく企業家社会である。

ちょうどマネジメントが、現代のあらゆる組織において特有の機関となり、われわれの組織社会を統合する機関となったように、いまやイノベーションと企業家精神が、組織、経済、社会における生命活動とならなければならない。あらゆる組織がイノベーションと企業家精神をもって、正常にして継続的な日々の活動としなければならない。

まさに、マネジメントに課されたこのような課題を遂行するうえで必要な原理と方法を提示することが本書の目的だった。

機能しないもの

企業家社会において必要とされる政策と対策について考えるとき、重要なことは機能しないものを明確にすることである。なぜならば、機能しない政策が今日あまりに人気があるからである。

一般に理解されている意味の「計画」は、企業家的な社会や経済には馴染まない。確かにイノベーションは目的意識をもって行われなければならず、企業家精神はマネジメントされなければならない。しかし、イノベーションはその本質からして、分権的、暫定的、自律的、具体的、ミクロ経済的である。小さなもの、暫定的なもの、柔軟なものとしてスタートする。

イノベーションの機会は現場に近いところで見出される。それは、計画屋が対象とする膨大な総体ではなく、そこから逸脱したものの中に見出される。予期せぬ成功や失敗、ギャップ、ニーズ、「半分入っている」から「半分空である」への認識の変化に見出される。それら逸脱したものが計画屋の目にとまるようになった頃にはもう遅い。イノベーションの機会は暴風雨のようにではなく、そよ風のように来て去る。

今日、特にヨーロッパはハイテクの企業家精神だけをもとうとしている。フランス、ドイツ、さらにはイギリスさえも、この意図のうえに政策を立てている。それは幻想である。

それどころか、ハイテクのみを推進し、ハイテク以外についての企業家精神を敵視するという政策では、当のハイテクさえ生み出すことはできない。そのような政策から生み出されるものは、もう一つの高価な失敗作、もう一つのコンコルドにすぎない。わずかな栄光と大きな赤字をもたらすだけであって、雇用も技術的なリーダーシップももたらすことはない。

そもそもハイテクは、本書が重要な前提の一つとしているように、イノベーションと企業家精神の領域の一つにすぎない。膨大な数のイノベーションはほかの領域にある。そして何よりも、ノーテク、ローテク、ミドルテクにおける広範な企業家経済を基盤とすることなくハイテクをもとうとすることは、山腹抜きに山頂をもとうとするのに似ている。

そのような状況では、ハイテクの人間でさえ、リスクの大きなハイテクのベンチャーで働こうとはしなくなる。すでに確立された大企業や政府機関の安定性を選ぶ。しかもハイテクのベンチャーは、会計、販売、管理など、ハイテク技術そのものとは無関係の大勢の人たちを必要とする。

華々しくはあっても、小さな寸劇以外の何ものでもないハイテクのベンチャーにのみ関心をもち、ほかの分野でのイノベーションと企業家精神を鼻であしらう社会では、ハイテクに強い人たちも、まさにその経済と社会（すなわち級友、両親、先生）が勧める既存の安定した大組織に職場とキャリアを求めることになる。流通チャネルはハイテク以外のベンチャーの製品を扱おうとせず、投資家は支援しなくなる。しかもハイテク以外のベンチャーは、ハイテクが必要とする資金を供給するうえでも必要である。

世界のコンピュータ産業の帳尻が合うようになったのは一九七〇年代の後半である。それまでは三〇年に及ぶ赤字の時代があった。

確かにＩＢＭはかなり早くから利益をあげた。他のコンピュータ・メーカーも、一九六〇年代後半以降次々に黒字に転じていった。しかし、それらの企業があげた利益は、ほかの企業、特にコンピュータに完全に失敗した大企業、すなわちアメリカのＧＥ、ウェスチングハウス、ＩＴＴ、ＲＣＡ、イギリスのＧＥ、フェランティ、プレッシー、フランスのトムソン・ウーストン、ドイツのジーメンス、テレフンケン、オランダのフィリップスなどがこうむった膨大な赤字の数分の一にすぎない。

バイオでも同じことが起こっている。一〇〇年前の一八八〇年代には電機産業で起こり、一九〇〇年から一〇年にかけては自動車産業で起こっている。そして、この長い懐胎期においてハイテクの赤字を埋め、必要な資金を供給するには、ハイテクではないベンチャーが必要とされる。

フランスの気持ちは正しい。今日、経済的、政治的に大国たるためには、情報技術、バイオ、オートメーションなどハイテクで一定の地位を得なければならない。しかもフランスには科学や技術の才がある。それにもかかわらず、いかなる国といえども経済全体としての企業家経済をもたない限り、イノベーション志向となり企業家的になることは至難である。

確かにハイテクこそ最先端の刃（リーディング・エッジ）である。だがそもそもナイフがなければ刃は存在すらできない。活力にあふれたハイテク部門は、死体に健康な頭脳がありえないのと同じようにそれだけで存在することはない。企業家的なビジョンと企業家的な価値観をもつ、活力あるイノベーターや企業家であふれた経済が、まず存在しなければならない。

企業家社会における個人

企業家社会は継続学習を必然のものとする。これまでの社会では、学習は、青年期あるいは少なくとも社会人になったとき完了するものと想定できたし、事実そのとおりだった。二一歳までに学ばなかったことは、それ以後において学ぶことはなかった。半面、二一歳までに学んだことは、その後の人生においてそのままずっと使うことができた。そのような前提のもとに見習い制度も成立していた。教育制度や学校も成立していた。職能、資格、教育、学校は、今日でも多かれ少なかれそれを前提としている。

もちろん例外として継続学習を行う人たちはいた。芸術家、学者、禅僧、イエズス会の修道士などだった。しかしそれらの例外は無視できるほど少なかった。

ところが、企業家社会ではこの例外が当然となる。成人後も新しいことを一度ならず勉強することが常識となる。二一歳までに学んだことは五年から一〇年で陳腐化し、新たな理論、技能、知識と代えるか、少なくとも磨かなければならなくなる。そのため、一人ひとりの人間が、自らの継続学習、自己啓発、キャリアについて責任をもたなければならなくなる。もはや少年期や青年期に学んだことが一生の基盤になることを前提とすることはできない。それは、その後の人生において全面的に依存すべきものではなく、そこから離陸すべきスタート台にすぎなくなる。

そのうえこれからは、軍隊の昇進コースのような道筋と到達点の明らかなキャリアはない。一人ひとりの人間が、自らの人生において、自らの意志によって、さまざまなキャリアを探し進んでいくことが当然となる。

高等教育を受けているほど、企業家的なキャリアを選び、厳しい学習に挑戦していかなければならない。特に医師、技術者、冶金専門家、化学者、会計士、弁護士、教師、経営者は、今後一五年間において習得し、実際に使っていくスキル、知識、道具が、今日彼らがもっているものとはまったく違うものになっていることを前提とする必要がある。

それどころか、わずか一五年後でさえ、自分がまったく新しいことを行い、まったく新しい目的をもち、多くの場合まったく新しいキャリアを進んでいるかもしれないことを想定しておいたほうがよい。そのために必要な継続学習やそのための方向づけの責任を負うことができるのは、自分しかいない。そのとき、伝統、慣例、方針は、助けになるどころか障害になるだけである。

このことは、企業家社会が、学校や学習に関わる今日の前提や慣行に疑問を投げかけることを意味する。今日、世界中の教育制度が、基本的には一七世紀ヨーロッパの教育制度の延長線上にある。もちろん、新しいことが付加され修正されてきた。だが、今日の学校や大学の構造は三〇〇年前と変わっていない。今日、場合によっては過激なほどに新しい考え方と方法が、教育のあらゆるレベルで必要とされている。

企業家社会の到来は、人類の歴史における重大な転換点となるかもしれない。一八七三年の世界恐慌は、一七七六年のアダム・スミスの『国富論』の出版に始まったレッセ・フェール（自由放任）の世紀に終止符を打った。同時に福祉国家を誕生させた。しかし今日では誰もが知っているように、その福祉国家も一〇〇年をかけて終わりを告げた。

福祉国家は、人口の高齢化と少子化という問題に直面しつつも生き残っていくかもしれない。だが、それが生き残ることができるのは、企業家経済が知識の生産性の大幅な向上に成功したときだけである。

編訳者あとがき

本書は、マネジメントの父たるドラッカーが「イノベーションと企業家精神」を誰もが学び身につけることのできるものとして提示した名著『イノベーションと企業家精神』の【エッセンシャル版】であって、すべてドラッカー本人の言葉によるものである。

本書の日本での刊行を快諾して下さった版権所有者ドラッカー・リテラリー・トラストのジョアン・ドラッカー・ウィンステインさん、および編集にご尽力いただいたダイヤモンド社の市川有人さん、中嶋秀喜さんに深く謝意を表したい。

本書【エッセンシャル版】の刊行によって、イノベーションと企業家精神がいよいよ広く実践されるならば、これに勝る喜びはない。

二〇一五年一二月

上田惇生

［著者］
P. F. ドラッカー（Peter F. Drucker、1909-2005）
20世紀から21世紀にかけて経済界に最も影響力のあった経営思想家。東西冷戦の終結や知識社会の到来をいち早く知らせるとともに、「分権化」「目標管理」「民営化」「ベンチマーキング」「コアコンピタンス」など、マネジメントの主な概念と手法を生み発展させたマネジメントの父。
著書に、『「経済人」の終わり』『企業とは何か』『現代の経営』『経営者の条件』『断絶の時代』『マネジメント』『非営利組織の経営』『ポスト資本主義社会』『明日を支配するもの』『ネクスト・ソサエティ』など多数ある。2005年に他界。

［編訳者］
上田惇生（うえだ・あつお）
ものつくり大学名誉教授、立命館大学客員教授。1938年生まれ。ドラッカー教授の主要作品のすべてを翻訳、著書に『ドラッカー入門 新版』（共著）などがある。ドラッカー自身からもっとも親しい友人、日本での分身とされてきた。ドラッカー学会（http://drucker-ws.org）初代代表（2005-2011）、現在学術顧問（2012-）。

イノベーションと企業家精神【エッセンシャル版】

2015年12月3日　第1刷発行
2024年8月5日　第3刷発行

著　者――P. F. ドラッカー
編訳者――上田惇生
発行所――ダイヤモンド社
〒150-8409　東京都渋谷区神宮前6-12-17
https://www.diamond.co.jp/
電話／03･5778･7233（編集）　03･5778･7240（販売）
装丁――――重原 隆
製作進行――ダイヤモンド・グラフィック社
印刷――――勇進印刷（本文）・加藤文明社（カバー）
製本――――本間製本
編集担当――市川有人

ISBN 978-4-478-06650-8